믿음으로 세상을 해석하고

세상으로 믿음을 주석하다

기독교와 법

믿음으로 해석하는 세상, 세상으로 주석하는 믿음

지은이	이병주
정리	기독법률가회 편집부
초판발행	2021년 10월 20일

펴낸이	배용하
책임편집	배용하
등록	제364-2008-000013호
펴낸곳	도서출판 대장간
	www.daejanggan.org
등록한 곳	충남 논산시 매죽헌로 1176번길 8-54
대표전화	전화 041-742-1424 전송 0303-0959-1424

분류	기독교	법학	신학
ISBN	978-89-7071-569-8 03230

 값 15,000원

기독교와 법

-믿음으로 해석하는 세상, 세상으로 주석하는 믿음 -

이 병 주 변호사 지음
기독법률가회 편집부 정리

목 / 차

서설
땅(세상)의 해석
- 믿음으로 해석하는 법, 법으로 주석하는 믿음[1]

1. 문제의 소재 - "믿는 사람에게 세상(땅)이란 무엇인가?"

저는 진지하게 믿는 변호사입니다. 20여 년간 변호사로서 많은 재판을 수행하면서 세상의 구체적인 현실에 법을 해석·적용하는 일을 생업으로 해왔습니다. 그리고 또 한편으로는 마찬가지로 20여 년간 신앙생활을 하면서, 성경 속에서 하나님의 법이 무엇인지를 공부하고 하나님의 법이 세상과 인생 속에서 어떻게 실현될 수 있는지를 고민해 왔습니다. 저는 신앙생활을 하기 전에는 세상의 법만을 알고 하나님의 법은 몰랐습니다. 신앙생활을 시작한 후 한동안은 하나님의 법만을 중시하고 세상의 법은 가치가 없는 것으로 생각했습니다. 즉 신앙생활만이 의미가 있고 세상의 일은 단지 먹고사는 생계의 수단이라고 생각했던 것입니다.

그러나 시간이 가면서 '성경을 읽고 가르치는 일만 거룩하고 하나님을 기쁘게 하는 것이며, 세상을 살아가는 일은 속되고 헛된 것이라는 생각'이 점차 달라지기 시작했습니다. 그 이유에는 크게 두 가지가 있는데, 하나는 직장생활 속에서 동료들과 함께 적극적으로 믿음을 풀어나가는 것이 가능하다는 것을 발견한 것이고, 두 번째는 법률과 재판업무라는 생업 속에서도 만나는 사람들의 현실적 문제와 영혼의 고민들을 도와주면서 하나님의 일을 수행할 수 있다는 것을 경험한 것입니다. 그래서 저는 교회만 거룩하고 세상은 거룩하지 않다는 생각을 버릴 수 있었습니다. 외국의 선교지에 나가지 않아도, 교회의 목회자가 되지 않아도, 얼마든지 세상 속에서 자기가 사는 장소를 선교지로 삼고,[2] 하나님의 목자로 '세상 속에서' 신앙적으로 래디컬하게 살아가는 것이 가능하다고 생각하게 되었습니다.

직장에서도 신앙을 풀어나가고, 직업의 일로도 신앙을 조금씩 풀어나가니까 개인적으로 신앙생활의 만족도는 상당히 높아졌습니다. 그러나 여기에도 일정한 한계가 있다는 생각이 들기 시작했습니다. 나는 세상 속에 몰래 숨어서 하나님의 일을 하는 '스파이'처럼 살게 된 것입니다. '여기에 무슨 문제가 있느냐?' 하면 이렇습니다. 세상과 직장 속에서 열심히 신앙생활을 하면 직장 동료들에게 전도도 하고 함께 성경공부도 하고 현실에서 겪는 시험에 들지 않도록 도와주기도 하면서 또한 사건 의뢰인들에게 전도도 하고 영적 교제도 하고 여러 가지 좋은 일들이 있습니다. 그러나 본질적으로는 이 입장의 문제점은 「세상과 현실 그 자체는 그대로 놓아두고 거기에 순응하고 적응하는 수동적인 태도」를 취하게 되고 여기에서 벗어나기가 어렵다는 것입니다. 즉 이 신앙은 '세상에 적응은 하지만 세상을 모르고 세상을 구경만 하는 것'입니다. '구경만 한다.'는 것이 왜 문제냐 하면, 우리가 교회와 성경에서 배운 말씀을 잘 적용하면 온유하게 참고 머리를 써서 주기도문의 다섯 번째 기도 '시험에 들지 않는 것'까지는 가능할지 모르겠지만, 주기도문의 세 번째 기도 '뜻이 하늘에서 이루어진 것처럼 땅에서도 이루어지이다.'(마태 6:10'라는 기도의 의미는 어떻게 되는 것인지 어떻게 해야 하는 것인지 도통 잘 알 수가 없기 때문입니다.

우리가 많이 배워 온 '잘 믿고 사는 것'은 "개인적인 차원"에서 '예수를 믿고 말씀을 익히고 전도를 하고 양육하고 열심히 살다가 죽어서, 하나님 품 안으로 돌아가는 것'입니다. 이렇게 되면 잘 믿고 사는 것의 "집단적인 차원"은 대체로 믿음을 고백하는 개인들이 집합해 있는 '교회' 생활로만 귀착됩니다. 그러나 이것은 개인적으로 잘 믿고 사는 것의 단순한 산술적 합계처럼 느껴집니다. 그 결과 주기도문 세 번째 기도의 '하나님 뜻'은 믿는 사람 한 사람의 영혼이 하늘에 연결되고 교회를 통하여 더 많은 사람의 영혼이 집합적으로 구원되고 하늘에 연결되는 것뿐이고, 하나님 뜻이 전개될 장소인 '땅'에는 별 관심이 없거나, 주기도문이 말하는 '땅'의 현실적, 공동체적, 사회적, 신앙적 의미가 무엇인지는 잘 모르게 됩니다.

그래서 이 '땅'에서 사람들이 울고불고 하는 '정치' 활동에 하나님의 뜻이 어떻게 연결이 되는지, 이 땅에서 사람들이 먹고사는 '경제' 생활에는 하나님의 뜻이 어떻게 관철되는지, 사람들이 다투는 싸우는 땅의 분쟁과 세상의 재판으로 이를 다루는 '법' 생활에는 하나님의 뜻이 얼마만큼 들어있고 어떻게 움직이는지... 등등 현실적인 세상(땅)의 문제에 대해서, 우리의 신앙은 매우 모호하거나 때로는 무모하거나 상당히 무지하게 나타납니다.

저는 본래 하나님을 모르던 땅(세상)의 사람이었습니다. 하나님을 믿는 지금도 땅(세상)의 사람이기는 마찬가지입니다. 하나님을 믿어서 새롭게 하늘의 일을 알게 된 후에는 상당 기간 「땅(세상)의 일은 어쨌든지 상관없다」는 생각을 가지고 지냈습니다. 그런데 이제는 '하나님의 뜻이 땅(세상)에서도 이루어지소서'라는 예수님 가르쳐 주신 기도를 통해서 「하나님의 뜻이 땅(세상)에서 이루어지는 것이 도대체 무엇인지를 의미하는지」를 규명하는 것이 매우 중요하고도 절박하다는 생각을 가지고 있습니다.

'믿음으로 땅(세상)의 일을 규명하고 하나님 뜻을 실천해 나가는 일'에 대해서는, 두 가지 방향의 노력이 함께 필요합니다. 하나는 규범의 차원에서 세상 속에서 하나님의 명하시는 정의와 공의를 실천하는 일을 독려하는 것이고(무엇을 해야 할 것인가), 다른 하나는 사실의 차원에서 하나님이 만드시고 우리가 타락시킨 이 세상(땅)과 땅 위의 인생이 과연 어떤 것인지(존재), 어떻게 굴러가는지(운동)를 정확하게 규명하고(현실은 어떻게 굴러가는가), 땅 위의 인생과 세상 속에 하나님의 뜻을 이루는 구체적인 방향과 방법을 찾아내는 일입니다.

규범적인 접근의 노력이 '비둘기처럼 순결'한 차원의 일이라면, 사실적인 접근의 노력은 '뱀같이 지혜로운' 차원의 일입니다.[3] 그동안 규범적인 측면에서의 노력은 여러 진지한 신앙단체에서 깃발을 담당하고 많은 신학자와 목사님들이 열심히 노력해 왔습니다. 이제는 땅의 사람, 세상 속의 진지한 신도들이 그동안의 신앙적 태만을 버리고, 세상에 대한 전문성을 이용해서 믿음으로 세상을 해부하고 해석하는 노력에 함께 동참해야 합니다.

우리가 하나님의 뜻을 땅(세상)에서 이루는 일은, 「세상이 주는 시험을 받아 감당하고 나아가 거꾸로 세상을 시험에 빠뜨리는 것」으로 요약할 수 있습니다. 세상의 시험을 잘 받아 내려면, 세상의 냉정하고 거친 현실을 정확히 알아야 하고 그에 맞서 대응할 능력을 주는 하나님의 원리도 잘 알아야 합니다. 나아가 우리가 믿음으로 세상을 시험에 빠뜨리려면, 하나님의 원리의 강력을 알고 세상의 약점과 급소도 함께 깨우쳐 알아야 합니다. 여기에서 세상의 운동 원리와 그 강·약점은 하나님의 말씀으로 보아야만 제대로 파악할 수 있고(히브리서 4:12),[4] 하나님 원리의 강력한 힘은 세상의 구체적인 현실을 통해서 그 능력이 발현될 수 있습니다.

저는 오랫동안 세상의 법률을 해석하고 사실을 법에 적용하여 분석하는 일을 직업으로 수행해 왔습니다. 그러니까 '법'에 대한 해석과 분석은 저의 전문분야입니다. 성경에 기록된 하나님의 말씀은 '하나님의 법'입니다. 저는 오랜 기간 하나님의 법(말씀)을 매우 진지하게 읽고 고민해 온 그리스도인이자 세상법의 전문가로서, 하나님의 법이 땅(세상)의 법으로 어떻게 전개되는지에 관한 논의를 본격적으로 전개해 보고자 합니다.

세상의 법은 사람들에게 무엇을 하고 말 것을 지시하는 주관적 행위규범으로서의 성격만 가지는 것이 아니라, 세상 속에서 사람들의 생활을 체계적·유기적으로 배열하고 전개하는 인생의 현실적 틀을 구성하는 객관적 제도규범으로서의 성격도 가지고 있습니다. 마찬가지로 하나님의 법에도 사람의 행위규범이자 하나님이 만들어 주신 세상과 인생의 현실적 틀이라는 제도규범적인 측면이 있습니다. 그동안 많은 연구와 논의들이 하나님의 법을 행위규범(무엇을 해야 할 것인가)의 차원에서 주로 연구해 왔다면, 저는 하나님의 법을 세상과 인생의 현실적 틀이라는 법제도적 차원(세상은 어떻게 굴러가고 있는가)에서 규명해 보고자 합니다. 원하는 목표는 이 과정에서 「믿음을 통해서 세상(땅)을 해석」하고, 「현실(땅)의 일을 통해서 믿음을 주석」하는 것입니다.

2. 땅(세상)의 해석 - 믿음으로 읽는 법, 법으로 읽는 믿음

가. 도입 - 율법과 법률의 분열

'법률'은 세상의 용어이고, '율법'은 교회와 신앙의 용어입니다. 그래서 우리는 보통 법률은 세속과 현실의 일이고, 율법은 믿음과 영혼의 일이라고 분리시켜서 생각하곤 합니다. 그러나 사실 '법률'과 '율법'은 다른 말이 아니고 '같은 말'입니다. 한자로는 둘 다 '법 법(法), 법칙 율(律)'이라는 같은 뜻 한자 두 개를 순서만 바꾸어 쓴 것입니다. 구미(歐美)에서는 법전과 성경이 모두 법(法)이라는 의미로 'Law(영어), Gesetz(독어), Loi(불어)' 한 가지 단어만을 사용합니다. 결국 서구에서는 법(Law)이라는 한 가지 개념 한 가지 단어로 쓰이는 말이, 동양에서는 상이한 번역통로를 통하여 '법전에서는 법률', '성경에서는 율법'이라는 두 가지 단어로 나뉘어 사용된 것에 불과합니다. 본래 처음에는 비슷한 의미로 쓴 말인데, 어쩌다 보니 이후 '사용을 통한 언어의 진화(進化)' 과정을 통해서 이제 우리나라를 비롯한 한자문화권에서 율법(Law)은 신앙적 법으로, 법률(Law)은 세속적 법으로 그 의미와 개념이 분열(分裂)되어 서로 전혀 다른 것을 가리키는 말들처럼 느껴지게 되었습니다.

법(法)은 물(水)처럼 흘러간다(去)는 뜻입니다. 본래 원천적으로는 '법(Law)'이라는 하나의 강(江)만 존재하는데, 인위적으로 신앙적인 '율법의 강'과 세상적인 '법률의 강'이 갈라졌습니다. 실제로는 하나의 '법의 강(the River of Law)'에 하나님의 법과 세상의 법이라는 두 개의 물결이 함께 섞여서 흘러갑니다. 그런데 인위적인 착각에 따라서 하나님의 법은 '율법의 강'에만 흐르고, 세상의 법은 '법률의 강'에만 흐른다는 인식론적 오해가 생겼습니다.

인식론적 오해는 실천적 오류를 낳습니다. 하나님의 법과 세상의 법이 각각 율법과 법률이라는 다른 이름으로 다른 강에 나뉘어 흐른다는 인식론적 착각은, 우리로 하여금 신앙의 일과 세상의 일, 신앙의 흐름과 세상의 흐름을 서로 무관한 것으로 취급하여, 어느 한쪽만 취하고 다른 한쪽은 버리거나 포기하게 만드는 실천적 오류와 실패를 가져왔습니다. 그로 인한 위험과 실패는 여러 가지 양상으로 전개됩니다. 교회와 세상이 나뉘고, 교회에서 일하는 사람과 세상에서 일하는 사람이 분리됩니다. 신앙은 인간의 내면만 다루고 인생의 세상적, 외면적 활동은 다루지 않습니다. 사람들의 종교활동은 교회를 둘러싸고만 이루어지고 세상은 완전히 세상의 원리에 맡겨집니다. 세상 사람들은 교회에서는 설교만 듣고 돌아가는 신앙의 구경꾼이 되어 버리고, 세상에서는 세상의 원리에 끌려다니거나 오히려 더 적극적으로 세상적 원리를 주도하기도 합니다. 세상을 잘 모르는 신앙은 '착한 일'을 하자고 하지만, 뱀과 이리가 판치는 세상은 그리스도인들의 선행 정도로 해결할 수 있는 만만한 대상이 아닙니다. 이러니 우리들의 신앙은 하늘(교회당) 속에 갇혀 있고, 땅(세상)에서는 신앙이 잘 보이지 않습니다.

실제로는 한 줄기인 '법의 강'에는 함께 흘러가는 하나님의 법과 세상의 법이 엉키고 섞여 있습니다.(mingled) 이 '법의 강'에서 두 개의 물결이 섞여 흐르는 양상의 기본원리는 ① 하나님의 법의 품 안에서 세상의 법이 흘러가고, ② 세상의 법을 통해서 하나님의 법이 나타난다는 것, 그리고 ③ 하나님의 은혜 속에서는 두 개의 물결이 화합하여 평화롭게 흘러가지만, ④ 인간의 죄성과 욕망이 분출할 때에는 두 개의 물결이 서로 갈등하고 배척하는 소용돌이를 만들어 낸다는 것입니다.

두 개의 물결이 하나의 강에서 함께 흘러가니 우리가 땅(세상)의 법을 따라 헤엄치는 것은 곧 하나님의 법을 따라 헤엄치는 것입니다.(잘 치거나 잘 못 치거나) 또한 우리가 하나님의 법을 따라 신앙적으로 헤엄을 치는 일도 땅(세상)의 법을 따라 헤엄치는 세상의 일과 분리되지 않습니다. 그러니까 우리는 하나님의 법속에서 세상의 법을 깨달아야 하고, 세상의 법을 통해서 하나님의 법을 더 깊이 깨달을 수 있습니다.

하나님의 법과 세상의 법이 통일되어 있는 '법'이라는 한 단어가, 하나님의 '율법'과 세상의 '법률'이라는 두 개의 단어로 분열된 것은 우리의 교회 속 신앙과 세상 속 인생이 분리된 결과를 상징하기도 하고 증폭시키기도 합니다. 그러니 이 문제를 해결하기 위해서는, 오해로 분리된 율법과 법률을, 연결이 끊어진 하나님의 법과 세상의 법을, 인생 속에서 분열된 믿음의 일과 세상의 일을, 우리가 다시 합치고 잡아매야 합니다.

나. 하나님의 법과 세상의 법

여기에서 우리가 논의하는 '법'은 법전이나 법정에 갇혀 있는 법률전문가들만의 협소한 실정법을 의미하는 것이 아닙니다. '법'은 우리가 살아가는 인생과 세상의 거의 모든 것에 관련되어, 우리들의 인생에 틀(제도)을 제공하고 사람이 일하고 먹고 살고 싸우고 다투는 인생의 모든 삶(활동)을 채우는 「인간현실의 총체적 실체」를 의미합니다. '법'은 인생이 걸어가야 하는 길입니다. 하나님의 법이나 세상의 법이나 모두 사람이 한평생 흘러가는 인생의 강, 걸어가는 인생의 길, 살아가는 인생의 법이라는 점에서는 마찬가지입니다.

세상의 운동과 인생의 활동을 구성하는, '법'의 대략적인 개요를 정리해 봅니다. 민법의 물권법과 채권법, 그리고 상법의 회사법은 땅에서 일용할 양식을 얻는 인간의 모든 경제생활에 대해서 틀을 제공합니다. 헌법과 형법은 권력의 압제로부터의 정치적 자유와 타인의 폭력으로부터의 신체적 자유를 보장하고 제공합니다. 사회복지법과 노동법은 땅에서 가난한 사람을 구조하고 근로자의 쟁의권을 보장하여 사회의 강자와 약자 간의 균형과 평화를 도모합니다. 민법의 친족상속법은 부모 자식과 부부 간의 가족관계를 형성하고 보호하며, 민사소송법과 형사소송법은 분쟁과 폭력으로 인간 생활의 틀과 평화가 흔들리는 것에 대한 대책으로 재판제도를 제공합니다. 그러니 우리가 일하고 먹고사는 일도 법을 통하고, 우리가 싸우고 다투는 일도 법을 통하며, 수많은 사람들의 집단적 절규와 열정을 불러일으키는 정치투쟁과 정치운동도 세상을 다스리고 변화시키는 법을 만들고 법을 집행할 힘을 얻기 위한 '법적 싸움'으로 볼 수 있습니다.

이것들이 모두 세상의 법, 사람의 법, 우리가 통칭 사용하는 법률이 다루는 전체적인 내용들입니다. 사람이 법 없이 살 수 있다는 것은 환상이고 불가능한 일입니다. 실로 우리는 법이 없으면 살 수도 없고 법을 떠나서는 살수도 없으며, 법 속에서 살고 법에 매여 살고 법의 도움을 받다가는 또 법의 억압을 받으며 살아갑니다. 법은 단지 옳고 그름에 대한 규범적 가치의 관념이 아니라, 선악 간에 살아가는 인생의 고민과 모든 치열함이 들어있는 냉정한 사실과 현실입니다.

위에 열거된 법들은 하나님의 법이 아니고 그저 세상의 법이기만 한가? 아닙니다! 일용할 양식을 구하는 민법은 세상의 법임과 동시에 모세에게 하나님이 내려주신 하나님의 법입니다. 출애굽기 20장에 규정된 십계명의 뒤로는 십계명을 보충하여 출애굽기 21장의 신분법(출 21:1-11), 형법(출 21:12-27), 손해배상법(출 21:28-22:15), 풍속과 도덕에 관한 법(출 22:16-31) 등 각종의 민법, 형법, 사회법 등 실체법 규정들이 이어지며, 18장에는 백성의 두목, 족장들이 나누어 백성을 재판하는 재판제도의 조직화 과정, 즉 일종의 법원조직법도 제시되어 있습니다.(출 18:13-27) 그리고 이어지는 레위기에도 제단에서 양과 소를 잡는 제사법뿐만 아니라, 보건의료법(레 13-15장), 사회복지법(레 19:1-14), 소송법 원칙(레 19:15, "너희는 재판할 때에 불의를 행하지 말며 가난한 자의 편을 들지 말며 세력 있는 자라고 두둔하지 말고 공의로 사람을 재판할지며"), 사형에 처하는 죄(레 20장), 토지 물권법(레 25:8-34)들이 규정되어 있습니다. 이는 세상 법전에서 헌법

18 기독교와 법

뒤에 하위법규인 법률들이 이어지는 것과 같은 원리입니다. 재판에 관한 소송법도 세상의 법임과 동시에 출애굽기에 계시된 하나님의 법입니다. 세상 삶의 정치·경제·인권의 기본 골격을 규정하는 헌법은 세상의 법에만 있는 것이 아니고, 성경에서 하나님 백성의 기본 헌법으로 계시된 십계명에도 있습니다. 그러니까 우리가 일용할 양식을 만들고 주고받으면서 먹고사는 일을 할 때 우리는 세상의 법만 따르는 것이 아니고 하나님의 법도 따르거나 또는 거스르고 있는 것입니다. 이는 우리의 정치생활, 경제생활, 가족생활의 모든 분야에 있어서도 마찬가지입니다.

통상 율법이라는 말에서 우리가 협의(狹義)로 떠올리는 신앙적인 법은 이러한 인생의 법, 세상의 법에 하나님과 인간의 관계, 하나님에 대한 예배와 찬양과 제사의 법을 추가한 것입니다. 그리고 세상의 법이 인간의 내면적 윤리를 법전에 포함시키지 않는다는 점에서, 하나님의 법은 세상의 법에 종교법 외에 도덕법(윤리)도 추가, 보충한다는 측면도 있습니다.

여기에서 중요한 것은 하나님의 법이 세상의 법에 예배와 찬양의 법을 '추가'하는 것이지, 하나님의 법이 세상의 법을 배제한 종교의식의 제사법, 종교법에 '국한'되는 것은 아니라는 점입니다. 그러니 하나님의 법과 세상의 법 간의 관계는 아래 그림과 같이, ① 전체집합과 부분집합의 [하나님의 법 ⊇ 세상의 법] 포함관계이거나, ② 적어도 교집합 [(하나님의 법) - (하나님의 법 & 세상의 법) - (세상의 법)]이 존재하는 중첩관계이지, ③ 교집합이 전혀 존재하지 않는 [하나님의 법(종교법) ∩ 세상의 법(세속법) = Ø)] 분리관계가 아닙니다.

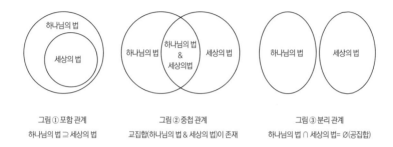

그림 ① 포함 관계
하나님의 법 ⊇ 세상의 법

그림 ② 중첩 관계
교집합(하나님의 법 & 세상의 법)이 존재

그림 ③ 분리 관계
하나님의 법 ∩ 세상의 법= Ø (공집합)

하나님의 법을 '인간과 하나님의 관계'에 관한 법으로만 국한해서 생각하고 적용하는 태도는, 사람들이 땅에서 먹고살고 울고불고 싸우고 다투고 하는 모든 인생의 일 속에 들어있는 '하나님의 법'을 통째로 들어내서 그냥 쓰레기통에 투기하는 대형 '불순종' 사태를 야기합니다. 하나님의 법을 종교법에 국한하지 않고 조금 더 보태서 도덕법(윤리) 분야까지 확장한다고 해도, 이것만으로는 세상의 냉정한 현실과 실제를 모두 섭리하는 하나님의 법을 전체로서 직면하여 다루지는 못하는 '한계'와 '제한'을 가지게 됩니다.

3. 소결론 - 믿음으로 해석하는 땅(세상), 땅(세상)으로 주석하는 믿음

믿음은 초월적인 것이지만 동시에 현실적인 것이기도 합니다. 믿음을 가지고 사는 우리의 머리는 하늘을 이고 하늘을 묵상하지만, 믿음으로 움직이는 우리의 발은 땅을 딛고 서서 땅에서 걸어 다닙니다. 성령 하나님은 초자연적인 역사를 나타내기도 하지만, 성령 하나님은 오히려 인생의 자연적이고 사회적인 활동 속에 하나님의 지혜를 우리에게 제시하는 일에 더 열심을 내시기도 합니다. 그러므로 우리의 믿음은 하늘을 향해서 뻗쳐 올라가는 일 뿐만 아니라, 땅(세상)을 파고들어 그 뿌리를 파헤치는 일에도 진력을 다해야 합니다.

　예수님이 주신 이중계명(마태복음 22:37-40) 중 버금가는 계명 "네 이웃을 네 몸과 같이 사랑하라"에 들어있는 '이웃사랑과 자기사랑'의 관계로 세상의 법률들을 다시 살펴보면, 세상의 객관적 법질서를 신앙적으로 해석하고 성경적으로 주석할 수 있습니다. 사람들은 민법의 소유권으로 자기를 사랑하고(물권법), 민법의 채권과 채무로 타인(이웃)과 사랑(물건과 서비스)을 주고받으며 삽니다.(채권법) 형사제도로는 이웃 간에 서로의 생명과 생활을 보호하고(형법), 헌법제도와 행정절차로 사회의 이웃과 공동체를 이루어 집단적으로 함께 다투고 살아가며(헌법과 행정법), 재판을 통해 세상의 선과 악을 상대적으로 분별하고 극단적인 폭력적인 다툼을 제어합니다.(민사소송법과 형사소송법)

　법과 신앙은, 아주 깊이 서로 연결되어 있습니다. 이중계명의 하나님 사랑과 이웃사랑과 자기사랑 중 자기사랑과 이웃사랑 간의 모든 충돌과 다툼과 협력은 세상의 객관적인 '법'을 통해 이루어집니다. 주기도문의 인생기도는 이 글에서 살펴본 '양식 기도(마태복음 6:11)'[5]가 민법에 연결되듯이, '용서 기도(마태복음 6:12)'[6]와 '시험 기도(마태복음 6:13)'[7]도 사람들 사이의 죄와 벌과 시험과 악을 처리하는 형법과 헌법과 재판법의 법적 고민과 기도들로 연결됩니다.

모세의 십계명(출애굽기 20:1-17) 중 인생의 문제들을 다루는 두 번째 돌판의 인생계명(5-10계명)들도 가정생활(5계명과 7계명), 경제생활(8계명과 10계명), 그리고 정치적·법적 생활(6계명과 9계명)이라는 세 분야를 포괄하여 인간의 죄성이 우리를 아래로 끌어내리는 '절망'의 심연과 사람 속의 하나님 형상이 우리를 위로 끌어올리는 '소망'의 가능성 사이에 놓인 인간의 개인적이고 집단적인 긴장과 고민과 갈등에 대한 하나님의 처방이라는 의미를 갖습니다. 이처럼, 이중계명 중의 버금계명과 주기도문의 뒷부분 세 가지 인생기도와 십계명의 두 번째 돌판에 새겨진 여섯 개의 인생계명들은 모두 신앙과 인생과 법의 관계를 규명하는 열쇠가 됩니다.

이에 이 책을 통하여 우리는 법과 신앙의 관계에 대하여 우리들이 가지고 있는 여러 가지 질문과 답변들을 함께 풀어보고자 합니다. 제1부는 헌법과 기독교 신앙의 관계를 다룹니다. 헌법은 국가(공동체)와 국민(개인)의 관계를 다루고, 또한 권력분립과 국민의 기본권 및 의무를 통해서 사회적 선악과의 금지와 사회적 이웃사랑(원수사랑)의 길을 제공합니다. 즉 기독교 신앙이 땅(사회)에서 이루어지는 가장 기본적인 원리는 헌법 속에 들어있습니다. 제2부는 기독교 신앙과 민사재판의 관계를 다룹니다. 창세기 1장의 선악과 계명은 민사재판에서 심판관인 법원이 자기의 권한을 스스로 제한하는 변론주의를 낳았고, 이는 인간이 지상에서 선악을 판단하는 법이 진실을 찾아가는 법이 되었습니다. 제3부는 기독교 신앙과 민법의 관계를 다룹니다. 민법은 주기도문의 네 번째 기도 '우리가 일용할 양식을 구하는 법'입니다. 이 민법은 단순하게 우리의 욕망을 추구하는 육신의 이기심만을 반영한 것이 아니고, 사람이 자기의 생존을 위하여 소유권을 추구하는 '자기사랑의 물권법'과 사람이 살아가기 위해서는 이웃과 계약을 체결해서 물건이나 서비스를 제공해야만 돈을 벌 수 있다는 '이웃사랑의 채권법'을 두 개의 기둥으로 삼고 있습니다. 우리의 현실 생활에서 네 몸과 같이 네 이웃을 사랑하는 길은 딱딱한 민법 속에 들어있습니다. 제4부는 기독교 신앙과 형사재판을 다룹니다. 세상에서 벌어지는 무서운 '죄와 벌'의 세계입니다. 내세에 받을 심판은 하나님의 법정에서 하나님이 심판하시지만, 현세에서 받는 심판은 세상의 법정에서 사람(법관과 검찰)이 합니다. 둘 다 무섭습니다. 하나님의 법정과 세상의 법정 사이의 관계가 어떤 것인지는 우리에게 심각한 신앙적 질문을 던져 줍니다. 제5부 기독교 신앙과 파산회생법은 기독교 신앙의 기본 원리 중 주기도문 다섯 번째의 용서 기도가 어떻게 세상에서 망한 자에 대한 예외적 용서의 법과 서로 연결되는지를 보여줍니다. 참고자료로 붙인 연구 메모는 하버드 로스쿨의 법사학자인 헤롤드 버만(Harold J. Berman) 교수의 역저인 *Law and Revolution*(법과 혁명)[8]을 읽고 법과 혁명과 종교의 관계에 대한 묵상과 이슈들을 정리한 연구자료입니다. 신앙과 법과 사회에 대한 보다 넓고 높고 깊은 묵상과 이해에 관심 있으신 여러분의 일독과 토론을 기대합니다.

이 책으로 엮은 글들은 제가 속한 기독법률가회(Christian Lawyers' Fellowship, 약칭 'CLF')에서 진행한 2013년 1기 CLF 학교 '법률과 신앙 세미나'의 발표토론문과 2021년 기독법률가회 회지 '기독법률가'에 기고한 글, 그리고 인문학 서평사이트인 아포리아 및 기독교윤리실천운동 웹진 「좋은나무」 등에 기고한 법과 신앙에 관한 글들을 모아서 다시 정리하고 편집한 것입니다.

제1부

기독교 신앙과 헌법

- 국가와 개인, 선악과의 사회적 금지와
이중계명의 공동체적 실천

기독교 신앙과 헌법
- 국가와 개인, 선악과의 사회적 금지와 이중계명의 공동체적 실천*[9]

1. 질문 – "기독교인들에게 헌법이란 무엇인가?"

7월 17일은 제헌절입니다. 오랫동안 법정공휴일로 사랑을 받아왔으나, 2007년 이후 공휴일에서 빠져서 조금 아쉬운 날이기도 합니다. 이제 제헌절을 맞이해서, 과연 "대한민국의 헌법이 우리가 믿는 기독교 신앙과 어떤 관계가 있는가?" 이 문제를 놓고 성경의 핵심 계명과 원리들에 기초해서 함께 풀어보고자 합니다.

2. 세상에서 – "헌법이란 무엇인가?"

'헌법'은 세상의 모든 '법' 중에서 가장 으뜸가는 법입니다. 세상의 법 중에는 세 가지 기둥 같은 법들이 있는데, 이는 '헌법'과 '민법'과 '형법'입니다. 그 중 헌법의 효력은 '민법'과 '형법'보다도 우위에 있어서, 헌법에 위반되는 민법과 형법 규정은 모두 그 효력을 잃고 무효로 됩니다.

'민법(民法)'은 우리에게 일용할 양식을 구하기 위하여(마태 6:11 주기도문) 먹고 사는 일을 다루는 법입니다. '형법(刑法)'은 세상의 칼로 사람의 죄와 벌을 심판하는(로마서 13:4) 법입니다. 민법과 형법의 핵심 내용들은 모세 율법(출애굽기 20장 이하)과 함무라비 법전에 벌써 기록되어 있었으니, 민법과 형법은 4천 년 정도의 오랜 역사를 가지고 있습니다. '헌법'의 역사는 비교적 짧습니다. 지금 우리가 아는 모습의 근대 헌법은 미국 독립혁명(1776년) 및 프랑스혁명(1789년) 이후로 약 250년 정도의 역사밖에 가지고 있지 않습니다. 헌법의 골자는 세 가지로 나눌 수 있습니다. 그것은 ① 국가의 '주권'이 국민에게 있다는 것, ② '기본적 인권'의 보장, ③ '권력분립'에 의한 정부의 구성입니다.

첫째, 국가 공동체의 '주권'이 왕이나 이민족이 아니라 모든 국민에게 있다는 것은, 근대 '민주주의' 헌법의 기초입니다. 왕조와 식민지와 독재를 거친 우리 민족에게 주권재민(主權在民)의 헌법은 오랜 눈물과 피땀의 산물입니다.(헌법 제1조 제2항 "대한민국의 주권은 국민에게 있고, 모든 권력은 국민으로부터 나온다")

둘째, 헌법 제2장은 인간의 존엄성(제10조), 평등권(제11조), 신체적 자유(제12조), 양심과 종교의 자유(제19조, 제20조), 환경권(제35조) 등 국민의 기본권을 열거하며 보장하고 있습니다. "국가는 개인이 가지는 불가침의 기본적 인권을 확인하고 이를 보장할 의무를 진다"는 헌법 제10조의 인권선언은 근대 입헌국가에서 '개인(국민)과 공동체(국가)의 관계'의 기본성격을 보여줍니다.

셋째, 헌법 제3장에서 제8장까지 국회, 정부(대통령과 행정부), 법원, 헌법재판소, 선거관리, 지방자치로 이어지는 79개 조항은 '권력분립'을 정부 구성의 기본 원리로 하고 있습니다. 근대 이전 왕정은 권력을 나누지 않고 왕이 모든 권력을 독점하고 있었습니다. 그러나, 근대 이후의 우리 헌법에서는 입법권은 국회, 행정권은 대통령, 사법권은 법원과 헌법재판소에게 나누고, 그 분산된 권력조차도 다시 선거제도와 임기제로 유한한 시간 아래 묶어놓고

있습니다.(다니엘 5:25-26)[10]

    헌법의 강령 중 '국민주권'과 '기본적 인권'은 국가의 절대권력을 부정하고 인간의 존엄성을 기본 정신으로 하고 있습니다. '권력분립'은 인간을 신뢰하지 않고 인간의 권력에 한계를 부과합니다. 세상의 헌법은 기독교와 관계가 없는가? 이 질문에 저는 아니라고 대답합니다. 헌법은 우리가 믿는 기독교 신앙과 관계가 아주 많습니다! 이제 성경의 핵심 계명과 원리들을 중심으로, 헌법과 기독교의 연결점들을 하나씩 찾아보려고 합니다. 이는 세속의 용어와 개념을 사용하는 헌법을 성경적 원리와 개념으로 이해하는 번역작업의 일종입니다. 또한 하나님 뜻이 어떻게 땅에서도 이루어지고 있는지, 주기도문 제3청원(마태 6:10)[11]에 대한 현실적 해석작업이기도 합니다. 땅의 모든 일을 다루는 헌법의 성경적 의미를 이 짧은 글에 다 담을 수는 없겠지요. 그래서, 이 글에서는 일단 요점만 제시하고, 나머지 답변들은 앞으로 여러분들과 함께 채워 나가기를 원합니다.

3. 성경으로 읽는 – '헌법'의 기독교적 의미

① 인간의 존엄성과 천부적 인권(헌법 10조) – 하나님의 형상(Image of God)으로 창조된 인간(창세기 1:27)[12]

    창세기 1장 27절에서 하나님은 자기 형상 곧 하나님의 형상대로 사람을 창조하셨습니다. 하나님의 형상대로 창조된 인간의 존엄성과 자유를 '법'으로 노래한 프랑스혁명의 인권선언(1789년) 이후 인간의 존엄성과 천부적 인권은 대한민국 헌법(1948년)과 모든 나라 근대 민주주의 헌법의 핵심 내용이 되었습니다. 왕정과 식민지배 치하의 신민(臣民)은 존엄한 자유인이 아니라 왕과 외세의 주권에 복종하지 않으면 반역자로 몰려 쫓겨야 하는 법적 노예의 신분이었습니다. 하나님의 형상대로 창조된 인간의 존엄성과 자유와 평등에 대한 권력과 국가 공동체의 존중, 이것은 헌법의 기본권 조항을 통해서 땅에서 이루어지는 하나님 뜻의 실현입니다.

② 국민의 주권(헌법 제1조) - 세상을 다스리는 사람의 권세(창세기 1:28)[13]

하나님은 세상을 창조하신 후 사람에게 땅과 바다와 하늘의 모든 생물을 다스릴 권한을 주셨습니다.(창세기 1:28) 헌법 이론에서는 국가 공동체의 삼대 요소를 '국토'와 '국민'과 '주권'이라고 합니다. 헌법 제1조가 국민(=사람)에게 국토(=땅과 바다와 하늘)를 다스릴 주권(=권한)을 부여한 것은 창세기 1장 28절이 인간의 역사 속에서 실현된 내용입니다. 오랫동안 땅을 다스리는 사람의 권한은 왕 한 사람에게 묶여왔습니다. 사무엘 선지자에 의하면 하나님은 왕의 통치를 썩 마땅하게 여기지 않으셨습니다.(사무엘상 8:11-18) 이제는 헌법을 통해서 땅을 다스리는 사람의 권한이 하나님이 창조하신 모든 사람에게 공평하게 돌아갔습니다. 자유롭고 평등한 국민의 주권, 이것은 사무엘상 2장 한나의 기도[14]와 누가복음 1장의 마리아 기도[15]가 완전치는 않으나 부분적으로 이 땅에서 이루어진, 하나님 뜻의 역사적 실현에 해당합니다.

③ 국민의 기본권과 그 제한(헌법 제2장) - 이웃을 네 몸과 같이 사랑하라

　(이중계명의 제도화)

　　예수님은 모든 율법과 선지자의 강령이 '하나님을 사랑하라'는 으뜸 계명과 '네 이웃을 네 자신 같이 사랑하라'는 버금 계명의 두 계명 속에 다 들어있다고 가르치셨습니다.(마태 22:37-40)[16] 헌법 제2장(국민의 권리와 의무)은 '네 이웃을 네 자신과 같이 사랑하라'는 예수님 버금 계명을 우리가 제도적으로 실천하는 법을 제시하고 있습니다. 헌법의 기본권 조항들에는 '자기사랑의 자유'와 '이웃사랑의 필요', 둘 사이의 '긴장'이 함께 들어있기 때문입니다. 많은 기독교인들이 이중계명 중의 '이웃사랑'을 내가 가진 것을 쓰고 나머지를 이웃에게 나누어 주는 정도의 사적 구제활동으로 오해하고 있습니다. 그러나, 이웃사랑은 '나와 이웃이 함께 살아가는 공동체' 안에서 이루어지는 것이어서, 사적이기보다는 공적인 성격이 더 강합니다.

　　헌법은 나의 자유와 권리만큼 타인(이웃)의 자유와 권리도 동등하게 존중할 것을 요구합니다.(제11조 평등권, 제19-20조 사상과 양심의 자유 등) 이것은 "무엇이든지 남에게 대접을 받고자 하는 대로 너희도 남을 대접하라"는 예수님 가르치신 황금률(마태 7:12)의 헌법적 실현입니다. 헌법은 '나'의 재산권을 보장하지만(제23조 제1항), 나의 권리는 '이웃'과 함께 살아가는 공동체의 국가안전·질서유지 또는 공공복리를 위해서 법률로써 제한될 수 있습니다.(제37조 제2항 전단) 그러나, 이웃을 위한 나의 권리의 제한 또한 내가 가진 '자유와 권리의 본질적 내용'을 침해할 수 없습니다.(제37조 제2항 후단) 이렇게 헌법은 '자기사랑의 자유'와 '이웃사랑의 필요', 또한 자기사랑과 이웃사랑 사이의 '긴장'을 모두 알고, 그 긴장을 해결하는 '균형'을 찾기 위해서 치열하게 애를 쓰

고 있습니다. 이 점은 우리 기독교인들이 이웃사랑의 진정한 이해와 실천을 위해서 헌법에서 진지하게 배워야 할 내용입니다.

④ 국민의 의무(헌법 제2장) - 법을 통한 자기부인과 자기십자가(마태 16:24)[17]

헌법 제2장에는 국민의 권리만 있는 것이 아니라 국민의 의무도 함께 규정되어 있습니다. 납세의 의무(제38조)와 국방의 의무(제39조)가 대표적이고, 근로의 의무(제32조 제2항), 교육의 의무(제31조 제2항)까지 합해서 국민의 4대의 무라고 합니다. 이것은 공동체 속에서 살아가기 위한 개인의 의무입니다. 누구나 세금은 내기 싫어하지요. 열심히 일해서 번 돈의 상당한 금액을 국가에 내는 것은 아깝기도 하고 힘이 듭니다. 그러나, 세금이 없으면 우리가 살아가는 공동체의 관리와 유지가 어렵고, 우리 주변의 이웃, 고아와 과부와 나그네를 도와주는 복지제도가 굴러갈 수 없습니다. 헌법의 납세의무는 이기적인 우리들로 하여금 강제로 '자기를 부인'하고 어쩔 수 없이 이웃을 사랑하는 '자기 십자가'를 지게 합니다.(마태 16:24) 헌법을 통한 공적 이웃사랑의 제도화, 이 경우는 아주 묘하게도 '법'이 '사람'들보다 하나님의 뜻을 더 잘 따르는 것처럼 보입니다.

⑤ 권력분립(헌법 제3장~제8장) - 선악과의 분산과 해독(창세기 2-3장)

하나님은 사람에게 동산 가운데에 있는 선악을 알게 하는 나무의 과실을 먹지 말라고 하셨습니다.(창세기 2:16-17)[18] 아담과 이브는 뱀의 꾐에 넘어가 선악과를 먹었고, 그날 이후 인류는 실낙원의 운명에 빠졌습니다.(창세기 3:6) 세상의 권력은 사람에게 선과 악을 심판하는 권한을 줍니다. 선악에 대한 심판의 권한은 황홀한 독과 같아서, 권력자로 하여금 하나님의 영광을 탐하고 그 힘으로 사람들을 해치게 합니다. 분리되지 않은 국가권력은 선악과의 독을 극대화합니다. 왕정 국가가 그랬고, 권력의 독점과 집중을 추구한 공산주의와 파시즘 또한 선악과의 비극을 낳았습니다. 근대 헌법이 절실하게 추구하는 '권력분립'은 인간의 이성과 선의에 대한 뿌리 깊은 불신을 기초로 합니다. 공동체를 유지하고 관리하려면 정부의 구성은 불가피합니다. 그래서, 근대 헌법은 입법권과 행정권과 사법권의 삼권분립을 만들어냈습니다. 권력의 집중으로 향하는 기운은 선악과의 유혹입니다. 답답하거나 다소 비효율적이더라도 선악과를 쪼개서 여러 조각으로 나누는 헌법의 '권력분립'은 인간의 세상이 지옥으로 떨어지는 것을 막기 위한, 선악과 계명의 역사적 실천 방법입니다.

⑥ 헌법에 의한 '칼'의 구성과 제한 - 로마서 13장(하나님의 칼)과 요한계
   시록 13장(사단의 권세)

   바울 사도는 로마서 13장에서 "각 사람은 위에 있는 권세에 복종하라. 권세는 하나님으로부터 나지 않음이 없나니…네가 악을 행하거든 두려워하라 그가 공연히 칼을 가지지 아니하였으니…"라고 하였습니다.(로마서 13:1-7) 세상 권력을 하나님의 칼로 표현한 이 구절은 그 이후 2천 년 동안 전세계 왕과 독재자들에게 바이블처럼 숭상되면서 자유를 위한 투쟁을 억압하는 수단으로 악용되기도 했습니다. "세상의 인간은 모두 죄인이요 악한데(로마서 3:9-18), 어찌하여 세상의 권력은 모두 하나님이 주신 칼로서 거룩하고 온전하단

말인가(로마서 13:1-8)?" 이런 질문이 자연스럽게 제기됩니다. 그럴 리는 없겠지요. 그래서, 요한 사도는 요한계시록 13장에서 사단의 권세를 받은 세상의 권력을 용(사단)과 두 짐승으로 하나님의 심판대상이라고 목격하며 증언하고 있습니다. 세상의 권력과 칼은 로마서 13장처럼 세상의 질서를 유지하기 위한 하나님의 칼이 될 수도 있지만, 어느 순간 권력에 취하고 악과 교만의 유혹을 받으면 하나님이 만드신 사람들을 해치는 사단의 칼이 될 수도 있는 것입니다.

"하나님의 백성이 로마서 13장과 요한계시록 13장의 두 극단 사이에서 어떻게 생각하고 어떻게 살아갈 것인가?"라는 신학적 질문이 제기됩니다. 세상에서 칼의 권세(정부)를 조직하고 규율하는 헌법의 '권력분립'과 '기본적 인권'은 이 질문에 대한 세상 버전의 치열하고도 진지한 답변입니다. 우선 '권력분립'은 로마서 13장에 기술된 하나님의 칼을 조직하는 원리에 해당합니다. 권력분립이 없으면 로마서 13장의 칼이 요한계시록 13장 사단의 권세로 넘어가는 것을 막을 수 없습니다. 권력분립은 로마서 13장의 칼이 스스로를 억제하여 미치지 않고 하나님의 칼로 남아있게 해주는 근대 헌법의 처방전입니다. 다음으로 '기본적 인권'은 요한계시록 13장의 사단적 권세를 억제하고 저항해서 하나님이 만드신 이 세상이 지옥으로 빠지는 것을 막아내기 위한 자유와 진리의 방패이자 창에 해당합니다.(에베소서 6:13-14)

⑦ 민주공화국, 정당과 선거제도 - 원수를 사랑하라(마태 5:43-48)

예수님은 산상설교에서 "너희 원수를 사랑하며 너희를 박해하는 자들을 위해서 기도하라"고 하셨습니다.(마태 5:44) 이웃을 사랑하는 일도 하기가 힘든 우리에게 원수를 사랑하라는 예수님 말씀은 도저히 따라가기가 힘든 무리한 말씀입니다. 영화 '밀양'에서 아들의 살인범을 용서하러 면회 갔다가 시험에 빠진 여주인공 전도연(신애 역)의 사례처럼, 현실에서 우리가 원수까지 사랑하려고 너무 무리하게 애를 쓰는 것은 조금 위험한 일이기도 합니다. 놀랍게도, 우리가 예수님의 말씀을 따라 '원수를 사랑하는' 일의 필요성과 가능성은 헌법 속에서 발견할 수 있습니다. 헌법 제1조 제1항은 "대한민국은 민주공화국이다"라고 규정하고 있습니다. 여기에서 공화국이라는 말은 국민주권의 민주주의를 전제로 국민의 대표자를 통해서 다스리는 대의제 국가를 의미합니다.

왕정에서는 왕의 아들 친족들이 대대로 권력을 이어받지만, 민주공화국에서는 선거로 뽑힌 국회의원과 대통령 등이 국민의 권력을 일정 기간 돌아가면서 대행합니다. 이것을 대의제(代議制)라고 합니다. 이 대의제 권력을 두고 정당과 다양한 의견을 가진 그룹 사이에 굉장한 논쟁과 싸움이 벌어집니다. 이 싸움은 겉으로 보자면 의견의 차이인데 더 깊게 속으로 보면 이해(利害)관계의 대립까지 연결되어 있어서, 별로 평화롭지 않고 전투적이며 상당한 미움을 유발합니다. 그래서, 세상에는 '정치적 원수'가 가득합니다. 이 원수는 우리 집 안에도 있고 교회 안에도 있고 직장의 옆에도 있습니다. 헌법은 '정치적 원수'의 존재를 인정합니다. 다행히도 헌법의 품은 보수보다 크고 진보보다 큽니다. 헌법은 정치적 원수들 간의 경쟁이 가능하도록 정당 제도를 인정하고(제8조), 정당 간의 선거제도를 운영하기 위해서 헌법 한 장을 할애하고 있습니다.(제8장) '원수를 사랑하라'는 예수님의 말씀은 이렇게 헌법을 통해서 이 땅을 유지하는 삶의 원리로 살아서 움직이고 있는 셈입니다.

4. 결론

　헌법은 우리가 자기를 사랑하는 것만큼 이웃을 사랑하게 하는 이중계명의 제도적 실천방법을 제시하고 있습니다. 선악과의 해독법과 세상의 칼에 대한 고민, 인간의 하나님 형상에 대한 찬송(인권선언)과 인간의 악에 대한 불신(권력분립)도 헌법의 제도 속에 깊이 녹아 있습니다. 주기도문 제3청원을 따라 '하나님의 뜻이 땅(우리의 인생과 세상) 위에서 온전히 이루어지도록' 하기 위해서, 헌법의 기독교적 의미에 대한 우리들의 묵상과 토론과 실천적 모색을 더욱 활발하게 진행하자고 함께 도전하며, 기도합니다.

제2부

기독교 신앙과 민사재판

선악과와 변론주의-법이 진실을 찾아가는 법

선악과와 변론주의-법이 진실을 찾아가는 법[19]

1. 태초에 - '판단하는 인간, 재판하는 인간'이 있었다.

1.1 태초에, '선과 악을 판단하는 지식의 나무'가 있었다.(창세기 2:9) 하나님은 사람에게 선악 판단의 과실을 따먹으면 큰 비극과 수많은 곤란이 발생할 것임을 미리 경고하였다.(창 2:17) 그러나 사람들은 탐스럽고 자랑스러워 보이는 '선악 판단'의 유혹을 참지 못하고, 선악과를 냉큼 따 먹었다.(창 3:6) 그 때부터 지금까지, 사람들은 대대로, 태어나서 죽을 때까지, 일용할 양식을 섭취하는 것처럼, 자신과 다른 사람과 세상의 선악을 쉬지 않고 판단하는 존재가 되었다. 그리하여 태초에 '판단하는 인간, 재판하는 인간(Homo Judicus)'이 세상에 나타났다.

1.2. 그 후에, 곧바로 '카인과 아벨의 분쟁'이 생겨났다.(창세기 4장) 사람들 사이에는 인정받은 자와 인정받지 못한 자, 얻은 자와 잃은 자, 가진 자와 없는 자, 더 가진 자와 덜 가진 자의 구분이 생겨났다. '나의 몫'과 '남의 몫'에 대한 고민과 집착, 자랑과 상실감, 질투와 경쟁심, 미움과 분노의 감정들이 생겨났다. 선악과를 복용한 '판단하는 인간 카인'은, 동생 아벨의 더 인정받은 것, 더 가진 것을 '아벨이 나의 것을 탈취한 행위'로 스스로 판결하였고, 이 판

결은 들판에서 카인이 직접 아벨을 죽이는 심판(Execution)으로 이어졌다.(창 4:8)[20] 이후 인간의 세상에는 대를 이어, 끊임없이, 다양한 모습으로, 형제들 간에, 친구들 간에, 이웃들 간에, 집단들 간에, 나라와 민족들 간에, 서로를 판단하고 심판하는 '카인과 아벨의 분쟁'이 계속되고 있다.

1.3. '네 이웃의 소유를 탐하지 말라'는 십계명의 제10계명(출애굽기 20:17)은 일견 단순해 보이지만, 사실은 양날의 칼처럼 날카롭고 복잡하다. 그 '이웃의 소유'가 '정당한 이웃의 소유'라는 점을 모두가 다 같이 인정하는 경우에는 문제가 없다. 그러나 많은 경우에 타인들은 그 '이웃의 소유'를 '나로부터 탈취하거나 빼앗아간 부당한 소유'라고 생각한다. 지키는 자의 입장에서는 '이웃의 소유를 탐하지 못하게 하는 것'이 옳고 선한 일이지만, 다른 의견을 가진 타인의 입장에서는 '부당한 탈취물인 이웃의 소유를 도로 찾아오는 것'이 옳고 선한 것이 된다.

개인적 분쟁이나, 사회적 분쟁이나, 정치적 분쟁이나, 민족 간 분쟁이나, 대부분의 경우 '이웃의 소유'에 대하여 대립하는 두 개의 선악판단이 존재한다. 어떤 재산이 '나의 소유'인지 '너의 소유'인지 대립하는 두 개의 선악판단으로 인하여, '네 이웃의 소유를 탐하지 말라'는 제10계명은 오히려 개인과 개인 간, 집단과 집단 간, 나라와 나라 간의 분쟁과 폭력과 재판의 원인으로 된다. 선악판단이 갈라지고 하나의 대상과 사건을 둘러싼 여러 개의 정당성이 서로 대립하면서, 세상에는 카인과 아벨, 형제와 친구들 간의 싸움과 폭력과 판단이 계속 이어진다.

그 결과 선악과를 먹은 모든 사람(everybody)이 모든 것(everything)을 판단하는 '재판하는 인간, 판단하는 인간(Homo Judicus)의 세상'은, 갑자기 '아무(any-body)도 아무것(anything)도 판단할 수 없는' 사회적 무질서(anomy)와 막다른 길 (aporia)의 세상으로 빠져들게 된다.

1.4. 그리하여 세상에는 '법과 재판이 생겨났다.' 모든 사람이 모든 것을 판단하면서, 수십만 수백만 개의 선악과가 동시에 난무하는 것을 세상은 감당할 수 없다. 그래서 세상에 존재하는 수많은 선악판단들이 함께 따라 움직일 수 있도록, '선악판단의 결'을 내기 위한 '법'이 생겼다. '판단하는 인간(Homo Judicus)'들이 각자 자기가 내린 판결을 집행하기 위하여 직접 주먹을 쓰고 칼을 쓰고 피를 흘리는 것을, 인생들은 감당할 수 없다. 그래서 권위 있는 제3자, 제3의 기관을 통한 '재판' 제도가 생겨났다.

'법'과 '재판'의 기원에 대하여, 기독교에서는 하나님이 모세를 통해 '십계명(Ten Commandments, 헌법에 해당)'과 '율법, 즉 법률(Law, 민법, 형법, 재판법, 사회복지법, 풍속법, 제사법 등)'을 계시(啓示)한 것으로 설명하고, 휴머니즘 입장에서는 홉스, 로크, 루소의 '사회계약설'처럼 사람들의 필요에 의하여 인간 사이에 이루어진 사회적 계약으로 설명한다. 그러나 법과 재판의 발생원인과 기능이 근본적으로 '각 개인에게 맡겨진 선악 판단의 남용과 폐해를 통제하고 다루기 위한 것'으로 본다면, 법과 재판에 관한 '신적 기원론'과 '인간 기원론'의 두 가지 견해는 내용상 서로 모순 없이 오버랩(overlap)될 수 있다.

2. '법'과 '재판'에 관한 몇 가지 질문과 오해

2.1. '법 없이 사는 사람은 없다'(법과 재판의 기능적 측면에 대한 오해)

'법'과 '재판'은 일상적인 것임과 동시에 비일상적, 초월적인 사건이다. 우선 '법'과 '재판'은, 우리가 매일매일 먹고 살고 일하고 돈을 버는 모든 일들이 촘촘히 '법'과 관련되어 '법조문 위에서' 이루어진다는 점에서, 지극히 '일상적'인 일이다. 그러나 법적 일상의 평화가 깨지고, 사람들이 재판의 당사자가 되어 털을 깎이는 양처럼 법(法臺) 앞에 이끌려 서게 될 때, '법'과 '재판'은 인생의 흥망을 결정적으로 좌우하는 비일상적, 실존적 사건으로 변한다. 그리고 '내'가 아닌 '다른 사람'의 손에 '내 인생의 몫과 운명'이 맡겨지게 되는 무력감 속에서 법과 재판은 사람의 영혼을 위기로 몰아갈 수 있는 초월적인 힘까지도 가지게 된다.

민법의 물권법, 채권법, 가족법, 상법, 민사소송법과 민사집행법의 각조 각항 위에는 수많은 인생들이, 웃고, 다투고, 눈물을 흘리면서 걸어간다. 사람들은 열심히 일하고 돈을 벌어 집과 땅의 소유권을 취득하고(민법 제211조), 이웃끼리 땅의 경계(지계표, 신명기 27:17)와 물꼬와 담을 둘러싸고 수많은 싸움을 하며(민법 제216조-제244조), 채무를 갚지 못해 집과 재산이 경매로 남에게 넘어가는 슬픔을 겪고(민법 제389조, 민사집행법 제83조), 남녀가 사랑해서 결혼을 하고(민법 제807조), 자녀를 낳아 보호하고 징계하며 친권을 행사하고(민법 제913조, 915조), 삶이 끝나면 상속이 개시되고 때로는 형제간에 상속 싸움이 벌어지기도 한다.(민법 제997조 이하) 주식회사를 만들고 돈을 모으면 공장과 일자리가 생겨나고(상법 제288조, 제295조), 경영진과 노동조합이 싸우고 타협하며(노동조합 및 노동관계조정법 제31조, 제37조), 때로는 망한 사람과 기업이 회생 절차를 통해서 채권자의 돈을 합법적으로 탕감받고 경제적 부활의 기회를 얻기도 한다.(채무자 회생 및 파산에 관한 법률 제250조 내지 252조) 그러니까 지금 세상에는 아무리 착한 사람도 아무리 완전한 사람도 '법 없이 사는 것'은 불가능하다.

2.2. 법과 재판을 '믿을' 수 있나?(법과 재판의 실체적 측면에 대한 오해)

이 질문에 대해서는 좋은 소식(good news)과 나쁜 소식(bad news)이 하나씩 있다. 좋은 소식은, '법과 재판은 대체로, 70퍼센트 내지 80퍼센트 정도는, 정당하고 적절한 결론을 내린다는 것', 그러니까 '세상의 재판은 받아볼 만한 것'이라는 점이다. 그리고 나쁜 소식은 '그러나, 법과 재판이 반드시 정확하고 정당한 결론을 내린다는 보장은 전혀 없다!'는 것이다.

사람들은 대체로 남들의 재판 소식이나 뉴스를 들을 때에는 '법과 재판은 불공정하고 믿을 수 없다'는 비판적인 상식을 가진다. 그러나 막상 본인이 재판의 당사자가 될 때에는 절실하게, '법과 재판이 올바르고 타당하고 정의롭고 확실한 결론을 내려주기'를 간절하게 기대하고 소망한다. 그러나 안타깝게도, 법과 재판은 '대체로' 정당하지만, '항상, 확실하게' 정당하지는 않다. '세상에는 믿을 놈이 없다'는 절대격언처럼 '사람에 의한 법과 재판을 확실하게 믿을 수는 없다!'

2.3. '재판은 빠를수록 좋다는 오해'(법과 재판의 절차적 측면)

'법은 멀고 주먹은 가깝다.'는 말은 부정하기 어려운 사실이다. 어떤 사람에게 해코지를 당하고 손해를 입거나 괴로움을 받을 때, 형사고소와 민사재판을 통하여 그 억울함과 분노를 갚으려고 하면, 법과 재판으로 그 결과를 받아보는 때까지 적어도 몇 달, 몇 년이 걸린다. 우리나라 재판은 세계적으로 상당히 신속하고 효율적이고 빠른 편으로 평가된다. 그럼에도 불구하고, 한 사건을 시작해서 대법원 판결까지 받아보려면 적어도 3년 길면 5년 정도 걸린다.(1심에 1년 반, 2심에 1년, 3심에 빠르면 4달 길면 2년 이상) 그러니까 억울함을 풀고 하루빨리 속 시원한 법적 결론을 받고 싶은 당사자로서는 속이 터지고 답답해서 미칠 지경이 된다. 그래서 '지연된 정의는 정의가 아니다.(Justice delayed is Justice denied)'라는 법언(法諺)은 많은 사람들이 격렬하게 동의하는 법적 격언이 된다.

그러나 이 지점에서 사람들이 일반적으로 빠지는 중요한 오해가 있다. "빠른 재판이 과연 꼭 좋은 재판인가?"라는 문제이다. '빠른 재판이 좋은 재판'이 되는 경우는, 「'탄원자(Petitioner)'의 주장이 옳고, 그에 대한 법원의 판단도 옳은 경우」에 국한된다. '탄원자의 주장이 옳지 않은데, 법원이 탄원자의 주장이 옳다'고 빠르게 잘못된 판결을 내리면, 그 사건의 상대방은 '빠르게' 억울한 처지로 빠진다. '탄원자의 주장이 옳은데, 법원이 탄원자의 주장을 옳지 않다고 배척하는 판결'을 너무 빠르게 내리는 경우, 빠르게 무시당한 탄원자에게 '성급한 정의는 버려진 정의'가 된다.

재판에는 두 당사자가 있다. 양쪽 당사자가 서로 자신이 옳다고 격렬하게 주장할 때, '전지전능하지 않은 사람'으로서 기소를 하는 검사나 판결을 하는 판사가 '금방' 그 진실을 확정하는 것은 불가능하고, 또 위험하기도 하다. '진짜 진실'이 증거를 못 찾아서 자기를 증명하지 못하는 경우도 있고 '소심한 진실'이 '목청 큰 거짓'에 밀려 검사와 판사가 속을 수도 있다. 무엇보다도 당사자들 본인들에게도 '거짓'과 '진실'이 일정 비율씩 섞여 있어서, 본인들조차도 도대체 누가 옳고 누가 그른지를 분간하기가 어려운 경우도 많다.

재판이 '진실'을 찾는 데에는 사건이 심리(審理)를 통하여 숙성될 시간이 필요하고, 거짓과 진실이 자기 정체를 드러내는 시간이 도래할 때까지 기다리는 참을성도 필요하다. 그러니까 재판을 하는 당사자로서는 어렵고 힘들겠지만, '성급한 재판'이 초래하는 '위험한 정의'를 피하기 위해서는 적절한 시간을 기다리는 것이 더 유익하고 안전하다. 우리나라의 경우에는 '대법원에서 사건이 정상적인 심리를 받기까지 그냥 대기하는 2년'21]을 빼놓고는 전반적으로 재판의 속도가 적정하고, 오히려 어떤 측면에서는 조금 성급한 편이라고 할 수 있을 정도이다.

3. '법적 진실'의 '상대성(相對性)'

3.1. 민사재판이 생기는 이유 - 법적 진실의 다중성(多重性) :

우리나라에서는 매년 100만 건 정도의 1심 민사 본안(本案)사건이 제기된다.(2020년 사법연감) 참 많은 숫자이다. 옳고 그른 것이 분명하다면, 즉 '법적 진실이 하나'라면, 이렇게 많은 민사재판이 벌어지는 것은 이해하기 힘든 일이다. '법적 진실이 하나'라면, 재판에서 원고와 피고가 다툴 때 당사자 중 하나는 진실이고 다른 한쪽은 명백한 거짓을 주장하는 것이 된다. 그러면 판사는 진실과 거짓을 가려내어 진실을 말하는 사람을 보호하고 거짓을 주장하는 사람은 응징하기만 하면 된다. 그러나 법적 진실의 단일성과 선악 구분은 결코 생각만큼 단순한 것이 아니다.

한쪽이 100퍼센트의 법적 진실을, 다른 쪽은 100퍼센트의 법적 거짓만을 가지고 있다면 아예 민사재판의 성립 자체가 어려울 것이다. 그러나 적어도 20퍼센트, 30퍼센트만큼의 법적 진실, 즉 억울한 점이나 말할 거리를 조금이라도 가지고 있는 경우, 사람들은 쉽게 포기를 못하고 결국에는 민사재판에까지 이르게 된다. 많은 사람들은, 내가 상대방보다 불리하다는 것을 알고 있는 경우라고 하더라도, 내게 단 10퍼센트의 억울함과 정당성이 있다고 생각하면 결코 다툼을 포기하지 못한다. "설사 그 다툼이 내게 더 큰 희생과 손해를 가져다준다고 하더라도!" 그로 말미암아 인생의 억울함과 존엄의식이 발생시키는 수많은 수고와 비극들이 발생한다.

소송변호사로서 여러 건의 재판을 하는 과정에서 가장 중요하게 깨달은 것이 있다면, '이 세상의 구체적인 사건에는 단 한 가지의 진실만 있는 것이 아니라 관점과 입장에 따라서 여러 가지 버전(version)의 진실이 있다는 점'이다.

민사재판, 즉 민사소송은 물권, 채권, 친족권, 주주권 등 민사적 권리의 존재 여부를 다룬다. 물권은 토지, 건물 등 재산의 소유권 등을, 채권은 다양한 종류의 계약에 따른 금전지급채무 등을, 친족권은 상속권, 부부간 재산분할청구권 등을 다룬다. 앞서 '네 이웃의 소유를 탐하지 말라!'는 제10계명의 실제 적용이 간단치 않다고 한 것처럼, '땅과 집의 소유권'을 둘러싼 민사재판에서는 '내가 가진 [이웃의 소유]를 지켜 달라'는 등기부상 소유권자와 '그 소유는 더 이상 [이웃의 소유]가 아니니 나에게 돌려주거나(반환청구) 넘겨 달라(이전청구)'고 주장하는 사람 사이에, 두 개의 대립되는 법적 진실이 충돌한다. 돈 문제로 싸워도 원고의 진실이 다르고 피고의 진실이 다르다. 한쪽이 100퍼센트의 진실과 정의를 다 가지는 경우는 거의 없다. 대부분 우세한 쪽은 60퍼센트 내지 70퍼센트의 진실을, 불리한 쪽은 30퍼센트 내지 40퍼센트의 진실을 나누어 가지고 있다.

대부분의 실질적인 민사사건, 즉 당사자 간에 다툼이 있는 민사사건은 '원고 판(版) 버전의 진실'과 '피고 판(版) 버전의 진실', 즉 '두 버전'의 '법적 진실'이 서로 싸우는 모습으로 나타난다. 다소 큰 차이로 '70~80퍼센트의 진실'과 '20~30퍼센트의 진실'이 싸우면, 승패의 향방도 좀 더 예측가능하고, 판결의 정당성도 조금 더 높을 가능성이 크다. 그러나 근소한 차이로 '60퍼센트의 진실과 40퍼센트의 진실이 싸우는 경우', '51퍼센트의 진실과 49퍼센트의 진실이 싸우는 경우'에는, 누가 이길지 질지도 유동적이며, 어느 쪽이 이기든 그 판결의 정당성도 분명치 않다.

당사자의 '공간적 관점'과 '시간적 시점'의 차이로 인해서도, 재판의 대상이 되는 사건의 진실은 '하나'로 고정되지 않는다. 과거 시점에 '실재'했던 애매하고 혼합된 진실과, 재판을 진행하는 현재 시점에 원고와 피고가 '기억'하는 진실이 다르다. 그리고 지금 진행되는 재판과 변론을 통하여 원고의 관점과 피고의 관점에서 각각 다르게 재구성되는 진실, 법관의 관점에서 납득되는 진실이 모두 똑같지 않다.

법적 분쟁에 휘말린 상태에서 여러 버전의 진실이 존재할 수 있다는 점을 수용하는 지혜는 인생의 고통을 크게 경감해 줄 수 있다. 상대방과 재판관의 시각을 짐작하면 '역지사지(易地思之)'의 지혜로 설득력을 가지고 사건 자체를 이길 가능성도 커진다. 상대방 버전의 진실이 우세한 것으로 인정되어 분쟁에서 지는 경우, 그 결과를 합리적으로 수용할 수 있게 되고 법원이나 세상에 대해서 불필요한 과잉의 분노와 원한을 품지 않을 수도 있다.

재판에 진 후, '상대방에 대한 원한'이 '재판부와 세상 전부에 대한 원한'으로 확대, 증폭되어 패소한 사람들의 인생을 잡아먹는 것은 너무나 비극적인 일이다. 내 손으로 나의 억울함을 풀 수 없지만, 법원도 나의 억울함을 모두 들어줄 수 있는 신은 아니다. 그리고 대부분의 사람들은 '내가 다 옳은 것'으로 생각하지만, 사실은 '나도 부분적으로만 옳고 다른 사람도 부분적으로는 옳다'는 것을 인정해야 한다. 그러니까 재판에서는 내가 반드시 이겨야만 하는 것이 아니고, '내가 이길 수도 있고, 내가 질 수도 있다.' 이것이 세상의 현실이고, 이것이 세상에 기대할 수 있는 정의이다. 세상에는 해결되는 일이 있고, 해결되지 않는 일도 있다. 분하고 억울하고 아쉽더라도 법원에 열심히 호소한 후 삼세번의 재판을 통해서도 해결이 안 되면, 손을 털고! 지나간 일을 뒤로 하고, 다시 세상을 살아가야 한다.

이처럼 법적 진실의 선악 구분이 분명치 않다는 것은 답답한 일이지만 부정할 수 없는 현실이다. 그렇다면, 도대체 왜, 무엇 때문에 법적 진실이 절대적이지 못하고 상대적으로 나타나게 되는 것일까?

3.2. '본전이 안 맞는다!' - 법적 진실의 부정합에 관한 '본전이론(本錢理論)'

돈내기 카드나 화투를 끝내면, 희한하게도 거의 항상 돈을 땄다고 인정하는 액수의 합계가 돈을 잃었다고 주장하는 액수의 합계보다 항상 작다. 즉 노름판에는 항상 본전(本錢)이 안 맞는다! 이것은 돈을 번 사람과 돈을 잃은 사람 간에 서로 본전(本錢, 게임을 시작할 때 가지고 있던 돈) 계산이 다르기 때문이다. 경험적으로, 그리고 면밀히 관찰한 결과, 돈을 벌은 사람들 중 많은 사람들은 수시로 자기 지갑에 슬그머니 '그때까지 딴 돈'을 집어넣는다. 그리고는 '그때까지 딴 돈을 살짝 자기 본전에 포함시켜서 계산'하기 시작한다. 그렇게 되면 당연히 돈 번 사람의 딴 돈은 적어진다. 이것이 바로 카드 판에서 본전이 맞지 않는 원인이다. 그런데 사람들의 이런 행동방식은 신기하게도 의식적(악의적)이기도 하지만 무의식적(선의적)인 경우가 많다. 참 오묘한 인간의 본성이다.

민사재판에서 원고와 피고 당사자들이 서로의 몫을 두고 다투고, 서로 억울해하고 미워하는 다툼의 원인에도 서로 계산이 다르다는 점, 즉 '본전이 맞지 않는다!'는 점이 크게 작용한다.

예컨대 원고와 피고가 싸울 때 원고는 자기의 정당한 권리의 몫을 80퍼센트라고 생각하고, 피고는 자기의 몫을 60퍼센트라고 생각한다. 그러니까 둘 다 억울해하고 자기가 더 정의롭다고 생각하게 된다! 그 결과 원고와 피고가 생각하는 각자의 권리의 몫을 더하면 100퍼센트가 아니라, 원고의 주관적 정당성 80퍼센트와 피고의 주관적 정당성 60퍼센트를 더한 140퍼센트로 된다. 이 초과분 40퍼센트만큼 원고와 피고는 서로를 분(憤)하게 생각하고 미워한다.

80퍼센트의 주관적 정당성을 가진 원고에게 피고는 "자기(피고)의 정당한 몫이 20퍼센트에 불과한데도 자기의 몫이 60퍼센트라고 부풀리고, 나(원고)의 정당한 몫 80퍼센트를 40퍼센트라고 줄여서 나(원고)의 몫 중 40퍼센트만큼을 훔쳐가려고 하는 나쁜 놈"이 된다. 반면 주관적 정당성 60퍼센트를 가진 피고의 입장에서 원고는 "자기(원고)의 몫이 40퍼센트인데도 불구하고 80

퍼센트라고 부풀려서, 나(피고)의 정당한 몫 60퍼센트 중 40퍼센트를 뺏으려고 하는 나쁜 놈"이 아닐 수 없다.

그 결과 원고에게는 피고가, 피고에게는 원고가 '네 이웃의 소유를 탐하지 말라'는 제10계명을 위반한 죄인이 된다. 다른 한편으로는 원고나, 피고나 양자 모두 주관적으로는 상대방에 의해서 부당하게 40퍼센트만큼의 자기 몫을 빼앗길 위기에 놓인 억울한 사람들이 된다. 분쟁에 있어서 산술적인 진실과 정의, 즉 "더하기 빼기 합계 100퍼센트"인 상황이 존재하는 경우는 세상에 거의 없는 것으로 보인다.

"노름판에 본전(本錢, 밑천)이 안 맞는 것"처럼, 민사분쟁을 포함한 세상의 모든 분쟁은 '사람들의 본전이 서로 맞지 않기 때문'에 발생한다.

3.3. 법적 진실의 '상대성이론(相對性理論)' :

3.3.1. 물리학의 상대성이론

20세기 물리학은 인간의 이성과 판단력에 대한 절대적인 신뢰의 기반이 되던 자연과학적 절대성, 즉 시간과 공간의 절대성과 측정의 절대성을 아인슈타인의 상대성이론과 하이젠베르크의 불확정성원리(不確定性原理)를 통해 무너뜨려 버렸다.

빠른 속도로 움직이는 기준틀(운동계)에서는 시간이 팽창하고(시간이 천천히 흘러가고) 공간이 수축된다는 상대성이론에 따라, '모든 관찰자에게 동일한 보편적이고 절대적인 시간과 공간,' 즉 절대적인 '사실'은 더 이상 존재하지 않게 되었다. 질량과 에너지가 가속운동을 통하여 상호 교환되는 것을 알게 되면서, '모든 자연계에 동일한 값으로 보존되는 물체의 질량과 불변하는 에너지의 총량', 즉 절대적인 '가치'도 부정되었다.

그리고 불확정성원리를 통하여, 인간이 자연적 사물의 현상에 영향을 주지 않고 객관적 절대자의 위치에서 자연현상(물체의 위치와 운동량)을 동시에 정확하게 측정, 판단하는 것이 불가능하다는 것이 알려지면서, 자연세계에 대한 인간의 객관적, 절대적 판단능력에 대한 신념도 사라지게 되었다.

이는 놀라운 인간 인식의 변화이다. 자연적 사실, 자연적 가치, 자연에 대한 판단능력 모두의 절대성이 부정된 것은 인간의 자연에 대한 인식능력, 판단능력 전체의 붕괴나 마찬가지의 의미를 가진다. 그러나 상대성이론과 불확정성원리는, 기존의 절대주의적 과학으로는 소립자(素粒子)의 미시적(微視的) 세계와 우주의 거시적(巨視的) 세계의 운동을 제대로 이해하고 계산하는 것이 불가능하다는 막다른 골목에서, 불가피한 노력의 해답으로 전개되었다. 그리고 상대성이론은 역설적으로, 20세기 중, 후반 이후 인류가 '눈에 보이는 자연의 상식적 구속'을 벗어나 '눈에 보이지 않는 미시적 세계로 나아가 이루어낸 혁명적 과학기술 발전'의 이론적 근거가 되었다.

'진리를 알지니 진리가 너희를 자유케 하리라.'(요:32) 20세기 물리학이 인간의 절대적 판단능력(선악과)에 대한 기존의 신뢰를 포기하고 사물의 상대성과 인간의 인식능력의 한계라는 새로운 진리를 채택한 것은 참으로 심오한 인류 지성사의 전개가 아닐 수 없다. 하나의 진리(절대성)를 포기하니 다른 진리(상대성)를 알게 되었다. 사람의 인식능력에 대한 신뢰를 포기하니 더 크고 더 깊은 세계에 대한 인식능력을 가지게 되고 더 큰 과학기술적 자유를 얻게 되었다.

3.3.2. 법적 진실의 '상대성이론'

법과 재판에 있어서도, '모든 당사자에게 동일한 보편적이고 절대적인 법적 진실'은 존재하지 않으며, 법적 사실인식과 가치판단은 그 사건을 바라보는 당사자의 공간적 시점에 따라, 시간적 시점의 변화에 따라, 여러 가지 버전으로 상대적으로 전개된다. 이하 '물리학의 상대성이론'에 비교하여, '법적 진실의 상대성이론'을 분설(分說)해 본다.

3.3.3. 법적 '사실(事實)'의 상대성

: 뉴턴 물리학은 '정지한 운동계(運動系)와 움직이는 운동계 모두에 대해서는 시간이 동일하게 진행되고 공간도 균일하게 전개된다.'는 점, 즉 사실의 절대성을 전제로 한다. 이는 우리의 일반적인 상식에도 부합한다. 그에 반하여 아인슈타인의 상대성이론에 의하면, 운동계의 속도에 따라, 그 운동계의 속도가 광속도에 근접할수록 공간이 수축하고 시간의 경과가 지연되는 현상이 나타난다. 그 결과 자연적 사실은 더 이상 하나가 아니게 되었고 운동하는 주체에 따라서 여러 개의 사실로 분열하게 되었다.

우리는 육하원칙에 따른 역사적 사실이 당연히 '하나'이어야 할 것으로 생각한다. 그러나 법과 재판 속의 현실은 그렇게 단순하지 않다. 원고의 입장에서 알고 있는 시간과 장소와 사건의 경위가 다르고, 피고의 입장에서 기억하는 시간과 장소와 사건의 경위가 다르다. 기초사실이 있었던 때로부터 금방 법적 분쟁이 생기고 금방 재판이 시작되는 것은 아니다. 사건 발생 후 몇 년이 지나서 재판이 시작되는 경우에는, 도대체 1년, 2년, 3년, 5년 나아가 10년이 지난 사건의 사실관계를 당사자가 정확하게 구체적으로 생생하게 기억하는 것 자체가 불가능하다. 그러므로 수년 전 과거의 사실을 정확하게 재생하고 판단하려고 하는 재판제도는 사실상 불가능한 일에 도전하는 '미션 임파서블(Mission Impossible)'에 가깝다.

증거서류가 없는 경우에는 과거 시점에서의 사실을 정확하게 재구성하는 것 자체가 어렵다. 그리고 증거서류가 있다 하더라도 거기에 써놓은 한정된 글자들이 모든 사실관계를 다 설명할 수는 없다. 따라서 '과거 시점에 실재했던 애매하고 혼합된 사실'과 '지금 시점에 원고와 피고가 기억하는 사실'이 다를 수밖에 없다. 그리고 더 나아가 '지금 진행되는 재판과 변론'을 통하여 '원고가 재구성하는 사실'과 '피고가 재구성하는 사실' 그리고 '법관에 의해서 납득되는 사실'은 모두 똑같을 수가 없다.

원, 피고를 막론하고 재판의 당사자는 의식적, 무의식적으로 자기에게 도움이 되는 쪽으로 '선택적 기억력'을 행사한다. 이것은 인지상정(人之常情)의 일이다. 변호사는 의뢰인을 위해서 혼잡하고 산만한 과거 사실 중 의미 있는 일부만을 추출하고 잘 정리 정돈하여 의뢰인의 법적 청구권의 요건사실로 재구성한다. 이것은 변호사의 당연한 법적 의무이다. 따라서 '한 사건의 사실은 단 하나일 뿐이고, 재판은 그 단 하나의 절대사실을 찾으면 될 뿐'이라고 생각하는 것은, 시공간의 흐름에 따라 희미하게 흐려진 사진을 재생해야 하는 재판상 사실의 복잡한 성격과 현실을 너무 순진하게 단순화하는 오해이다.

빠른 속도로 움직이는 자연의 운동계에서는 시간이 팽창하고 공간이 수축하여 자연적 사실의 양과 질이 달라진다. 마찬가지로, 실제로 움직이는 재판의 운동계에서도 본인과 변호사가 변론에 투여하는 진지한 노력의 양과 질에 따라서 '변론에 의해 재구성되는 법적 사실'의 양과 질이 팽창하기도 하고 수축하기도 한다. 따라서 사실의 원재료에서 다소 우세하다고 자만하여 '천천한 속도로 달리는 당사자와 변호사'는, 사실의 원재료에서는 다소 불리하였더라도 고심하여 '민사재판의 운동계'에서 '광속에 가깝게 열심히 달리는 당사자와 변호사'가 변론에서 재창조하는 시간팽창과 공간수축의 효과를 못 이기고 재판에서 패배하기도 한다.

3.3.4. 법적 '가치(價値)'의 상대성

'물체의 질량은 화학적 반응 등으로 상태가 바뀌더라도 그 합이 늘어나거나 줄어들지 않는다.'는 질량보존의 법칙과 '에너지는 위치에너지와 운동에너지 등으로 그 형태가 바뀌더라도 그 합은 언제나 일정하다'는 에너지불변의 법칙이 있었다. 이 두 가지 법칙은, 아인슈타인의 상대성이론에 의해 '움직이는 물체가 빛 등 에너지(E)를 방출하면 그 에너지를 광속도의 제곱(c^2)으로 나눈 만큼 질량(m)이 줄어들고($\Delta m = \Delta E / c^2$), 이 공식을 뒤집어서 물체의 질량이 줄어들 때에는 광속도제곱을 곱한 만큼의 거대한 에너지가 발생한다는 것($\Delta E = \Delta m c^2$)'으로 바뀌었다. 그 결과 '보이는 물체는 물체로 보존'되고, '보이지 않는 에너지는 에너지로 존속하고 불변'한다는 자연적 가치의 '절대성'이 무너지고, 사물의 자연적 성상(性狀)과 가치가 상대적으로 변화하는 '상대성'의 시대가 시작되었다.

법적 가치, 즉 규범적 가치해석의 세계 또한 절대적이거나 고정적이지 않으며, 지극히 상대적으로 전개된다. 일련의 사실이 증거에 의하여 또는 당사자 간에 다툼이 없는 사실로 확정된다고 하더라도, 그 사실의 법적 의미와

규범적 가치에 대해서는 여전히 정반대의 주장과 판단이 가능하다.

"법적 가치의 상대성"은, 『구체적인 민사재판에서 당사자와 변호사가 진지하고 치열하게 변론을 통하여 '과거에 존재하고 지금 재구성된 사실'을 '현재의 법적, 규범적 가치로 현실화'하는 과정』을 통하여 전개된다.

민사재판은 '법적 안정성'과 '구체적 타당성'이라는 두 가지 기둥 같은 원리가 서로 교차하면서 진행된다. '법적 안정성'은 다소 딱딱하더라도 사법적 질서와 판단을 안정적으로 유지하기 법률이론과 증거법칙 등 법적 '공식'의 적용을 의미한다. 그리고 '구체적 타당성(구체적 정의관념)'이란 전체적인 법이념과 법정신의 차원에서 '구체적인 사건에서 원고와 피고 중 누가 이기는 것이 정의관념에 부합하는가?' 라는 질문에 대한 대답을 의미한다.

우선 '법적 안정성'과 관련해서 본다. 변호사가 구체적인 변론 과정에서 수집된 사실과 증거를 기초로, 어떤 법적 이론과 쟁점을 찾아내고 어떤 변론 기술로 이를 전개하는가에 따라서 승패의 방향과 재판의 여정이 상당히 달라진다. 인식능력의 한계로 인하여, 아무리 유능하고 숙련된 변호사나 판사도 모든 법적 쟁점과 법률이론과 판례이론을 다 알고 파악하고 있는 것은 아니다. 처음에 몰랐던 것이 나중에 생각나고, 1심 재판 때에는 전혀 몰랐던 쟁점을 2심 재판 때 알게 되기도 하고, 다른 사건에서 상대방 변호사가 써낸 서면을 보고 내 사건에 활용할 결정적인 법률이론을 발견하기도 한다. 이처럼 하나의 '사실관계'에 이름 붙여지는 '법적, 규범적 가치'는 절대적인 하나가 아니고 상대적인 여러 개가 된다. 가끔은 극적으로, 마치 '숨은그림찾기'처럼 꼭꼭 숨어있던 법률이론이나 판례가 어디선가 튀어나와서 '다 진 것 같았던 사건의 승패를 뒤집어버리는 경우'도 있다.

'구체적인 타당성(구체적인 정의관념)'과 관련해서도, 변론에 의한 법률적 가치 변동의 '상대성'은 상당히 크다. 일반인의 상식과 소송당사자의 입장에서는 매우 놀랍고 당혹스러운 일이지만, 민사재판에는 사실인정과 법률이론 채택에 따라 '원고가 이길 수도 있고, 피고가 이길 수도 있는 사건' 즉 '원고 패소' 또는 '피고 패소'의 두 가지 버전의 판결문이 모두 작성 가능한 사건이 의외로 많다. 당사자의 설득력이 '80:20'으로 크게 벌어지는 사건도 있지만, '55:45', '51:49'로 근접하게 나타나는 경우도 많기 때문이다.

이때 중요한 것은 '과연 재판의 결과가 나왔을 때에 어느 쪽이 더 억울하게 될 것인가? 어느 쪽이 이기는 것이 좀 더 총체적인 법적 정의의 정신에 부합할 것인가?' 라는 무형적 판단의 문제이다. 따라서 변호사의 변론에는 법률이론의 공식에 따른 유형(有形)적 요건사실의 주장, 입증을 냉철하게 추구하는 이성적 변론뿐 아니라, '우리 쪽이 사건에서 이기는 것이 정당한 이유에 관한 '구체적인 타당성의 변론', 즉 당사자의 무형적 울분과 슬픔과 억울함을 법률적으로 소화하여 품위 있고 치열하고 피를 토하며 전개하는 열정의 변론도 필요하다.

'정치는 생물'이라는 어느 유명한 정치가의 말처럼, '재판도 생물'처럼 태어나서 성장하며 움직인다. 물론 이길 사건이 이기고 질 사건은 지는 것이 큰 틀의 정의에 부합하겠지만 이것은 대체로 당사자 쌍방의 정당성이 '90:10' 또는 '80:20' 정도로 크게 차이나는 경우에 해당되는 이야기이다. 당사자 쌍방의 정당성이 '55:45', '60:40' 정도로 근접할 때, 조금 더 나간다면 '70:30' 정도의 사건까지도 사건의 정당성과 승패가 재판의 시작과 중간과 끝 무렵에 전혀 다른 것으로 천변만화(千變萬化)하는 경우가 많다.

변호사의 입장에서 사건의 자료를 처음 봤을 때에는 주장할 것이 하나도 없어 답답하거나 심지어는 '도대체 우리가 이기는 것 자체가 탐탁지 않게 느껴지는' 사건이 있다. 그러나 기록을 두 번 세 번 '눈이 빠지게' 꼼꼼히 읽고 나면 우리가 이길 수 있거나 반드시 이길 필요가 있는 사건으로 달리 느껴지기도 하고, 그동안 의뢰인이 왜 그렇게 억울해했는지 조금씩 이해가 되기 시작한다. 암담하고 부정적이고 잘 풀리지 않는 사건을 앞에 놓고, 깜깜한 밤, 변호사가 사건의 부담감에 짓눌려 몸부림치면서 기록을 계속 째려보면, 갑자기 광야에 길이 나고 사막에 강이 흐르는 것처럼 새로운 법률이론의 '문(門)'이 열리고 새로운 사실과 입증의 '길'이 발견되는 놀라운 역사가 벌어지기도 한다. 이처럼 민사재판의 선악과 승패, 법적 진실의 규범적 가치의 세계는, 미리 고정된 '절대성'의 세계가 아니고, 변론을 통하여 재구성되고 변화하는 '상대성'의 세계이다.

3.3.5. 법적 '판단능력(判斷能力)'의 상대성

20세기 이전의 자연과학은 '사람은 물체의 위치와 속도, 질량과 에너지를 정확하게 측정할 수 있다'는 판단능력의 정확성, 즉 인간판단의 객관적 신뢰성에 대한 인식론적 절대성을 전제로 하고 있었다. 그러나 20세기 물리학은 불확정성원리를 통하여, 인간이 자연세계의 위치와 운동을 객관적 절대자의 위치에서 측정하고 판단하는 것이 불가능하다는 것을 깨닫고, 인간의 자연세계 판단능력의 절대성을 부정하였다.

그와 같이, 법적 진실에 대한 법관과 검사와 변호사와 사건당사자들의 판단능력 또한 '절대적'으로 신뢰할 수는 없는, '상대적'인 것이다.

많은 사람들은 법률전문가인 판사와 검사가 가장 '진실'된 입장에서 '정확'한 판결과 기소를 하기를 원하고 기대한다. 그러나 여러 가지 이유에서 법관과 검사가 법적 진실에 대하여 항상 '정확'한 판단을 하는 것은 아니고, 일관되게 '진실'된 입장에서 수사와 재판을 하는 것도 아니다. '규범적(Sollen)'으로는 그렇게 되면 좋겠지만, '현실적(Sein)'으로는 그것을 '너무 기대'하면 사건도 힘들어지고 인생도 힘들어진다.

훈련된 법률전문가인 경력법관(Career Judge)의 철인(哲人)적 판단력을 신뢰하는 대륙법계의 재판이나, 대중 속에서 모아진 시민배심단(Jury)의 집단이성에 기초한 상식의 신뢰성을 더 의지하는 영미법계의 재판이, 모두, 단 한 번의 재판으로 법적 진실을 확정하는 것이 아니라, 삼세번의 재판을 통하여 재판을 하고 또 하는 이유가 여기에 있다. 담당 재판부가 '법적 안정성'과 '구체적 타당성' 중 어느 쪽을 더 강조하는 법적 가치관을 가지고 있는가에 따라서도, 법적 진실에 대한 판결의 방향이 상당히 달라진다. 그리고 법관과 검찰의 개인적 세계관과 가치관에 따라서도 법적 사실에 대한 평가가 조금씩 달라지는 경우가 있다. 때로는 언론의 평가나 비난에 대한 눈치, 개인적 명망심이나 인사상의 이해관계가 기소나 재판의 경과에 영향을 주기도 한다. 당위적으로 그래서는 안 되겠지만, 현실은 현실이다. 법관도 배심단도 절대자인 신이 아니라 선악과를 먹고 선악판단을 하는 모순된 인간이다.

사람들은, 보통 사건 당사자인 자신의 사실인식과 가치판단만이 정확하고 정의로운 것이라고 생각한다. 그러나 '여러 가지 이유에서' 당사자 본인이 믿는 사실인식과 가치판단은 틀리거나 부족하거나 왜곡되거나 과장된 경우가 많다. 인간은 '이기적'이어서 재판의 당사자도 '이기적인 사고방식과 행동양식'을 벗어나기 어렵다. 그래서 재판을 둘러싼 주체 중 가장 주관적이고 가장 왜곡된 선악판단을 하는 사람은 보통 '당사자'들일 경우가 많다. 똑같이 선악과를 먹었으나 선악판단을 타인(법관)에게 맡겨야만 하는 당사자들의 수동적이고 절박한 처지는 오히려 그들의 선악판단을 더욱 크게 왜곡시킬 수 있다.

재판의 당사자들은 모두 자신의 변호사가 최선으로 '온 몸과 온 마음과 온 영혼을 다하여' 자신을 변호해 주기를 기대한다. 그러나 현실적으로 영업을 하는 변호사들이 그들이 맡은 여러 사건 중 한 사건에 대해서 온 몸과 온 마음과 온 영혼으로 노력하는 것은 거의 불가능하다.

그러니까 법과 재판에 임할 때, 당사자 본인의 생각과 판단을 너무 믿는 것도 위험하고, 변호사가 내 마음과 똑같은 수준에서 전심으로 내 사건을 처리해 줄 것을 너무 믿는 것도 비현실적이며, 법관과 검사가 자신의 법적 판단능력과 그 판단의 정당성을 너무 과신하는 것도 위험하다.

4. 법적 처방 - 변론주의(법이 진실을 찾아가는 법)

4.1. 성악설(性惡說)과 변론주의(辯論主義)

- 법적 진실을 찾아가는 당사자의 주도권 인정 / 법원의 양보

수천 년 동안 전개, 발전해 온 인간의 '법'과 '재판'에는 '성선설적 인간이해'와 '성악설적 인간이해'라는 두 가지 흐름이 존재한다.

'법'에 관한 '인간이해의 문제'는 실체법 규범의 수범자(垂範者)인 일반 시민의 본성에 관한 것이다. 법에 관한 성선설(性善說)적 사고의 대표적인 경우로

는 '인간이 전체 공동체의 이익을 위해서 집단주의적으로 사고하고 행동하면서 개인의 이해관계를 억누를 수 있다'는 기대와 전제 하에 사적소유권과 거래법을 사실상 폐지하였던 소련의 사회주의 법체제를 들 수 있다. 인간과 법에 대한 지나친 성선설적 견해 및 실천은 소련 사회주의 체제의 주된 붕괴 원인 중의 하나가 되었다.

그에 반하여 현대의 주류 법체계에 해당하는 영미법 및 대륙법은 공통적으로 민법, 상법, 형법을 막론하고 모두 인간의 개인주의, 이기심, 폭력성, 죄성 등을 기본적인 전제로 하면서 인간에 대한 성악설적 이해에 기초하고 있다. 민법 제216조의 인지사용청구권(隣地使用請求權)으로부터 제244조의 지하시설 제한규정까지 무려 29개의 조문에 걸쳐 이웃 논밭 간의 물꼬에 관한 권리, 저수시설과 처마에 관한 권리, 경계표와 담과 나무 가지와 뿌리의 제거에 관한 권리까지 이웃 사이의 권리의무를 지나치게 상세하게 규정하고 있는 민법의 '상린관계(相隣關係)'에 관한 규정은 사람들을 법 없이 놓아두면 얼마나 빈번하게 싸우고 미워하고 서로 폭력과 살상사태에 빠지게 되는지를 웅변적으로 보여주는 법률의 행위예술이다.

한편 '재판'제도와 관련된 인간이해의 문제는 절차법적 규범을 진행하는 주체인 '판단자(判斷者)' 즉 법관과 배심원에 대한 인간본성적 이해를 주제로 한다. 수 천 년 동안 이어진 재판제도의 변화와 발전은 기본적으로, 법적 판단을 내리는 자(법관 및 배심원)의 인식능력 및 판단능력에 대한 성악설적 회의와 불신을 제도화한 것으로 볼 수 있다.

우선 단 한 번의 재판으로 운명이 결정되지 않도록 한 '삼심(三審) 제도'는 법관이나 배심의 선악판단의 오류가능성을 인정하고 그 오류의 시정 기회를 두 번이나 부여하는 훌륭한 제도이다. 삼심제도는 재판이 오래 걸리는 장점과 대법원 상고가 남용된다는 일부의 불만에도 불구하고, 세상에서 가장 훌륭한 제도의 하나이다.

형사재판에 있어서 '범죄와 형벌은 미리 법률로 정한 것만을 처벌할 수 있다'는 '죄형법정주의(罪刑法定主義)'는, 권력자와 법관의 권력남용과 주관적 법해석을 규제하기 위한 성악설적 제도이다. 기소자(대륙법의 검사, 영미법의 대배심 Grand Jury)와 판단자(대륙법의 판사, 영미법의 배심 Jury)를 분리한 '탄핵주의(彈劾主義)'도, 선(善)한 판단력의 심판자가 동시에 기소(起訴)도 하고 판결도 할 수 있도록 하는 성선설적 규문주의(糾問主義)를 대체한 성악설적 제도이다.

그리고 보강(補強)증거 없이 자백만으로는 유죄를 선고할 수 없다는 '증거 재판주의(證據裁判主義)' 또한, 수사자와 심판자의 선한 판단력을 신뢰한다는 명분 하에 종교재판과 사회재판에서 수많은 고문과 인간비극을 만들어낸 성선설적 기반의 자백주의에 대한 처절한 자기반성에서 나온, 성악설적인 재판제도이다. 구약성경에서도 피고인을 유죄로 처벌하기 위해서는 적어도 두 명의 증인이 필요하다는 증거법칙을 통해서 사법권의 남용을 경계한 바 있다.(신명기 19:15)[22]

민사재판에서 당사자에게 법적 권리의 처분과 법적 진실에 관한 심리의 주도권을 부여하는 '처분권주의(處分權主義)'와 '변론주의(辯論主義)'도 판단자에 대한 성악설적 의심을 전제로 한 것이다. 이는 법관의 선한 판단력을 신뢰하고 적극적인 심리를 권장하는 성선설적인 직권주의(職權主義)에 대비된다. 이상에서 볼 때 법과 재판 제도는 인간에 대한 성악설적인 이해에 기초할 때 상대적으로 안전하고 남용의 위험이 적어진다고 볼 수 있다.

민사재판의 변론주의(辯論主義)는 요건사실(要件事實)의 주장과 증거의 제시, 그리고 청구권원과 법적 항변의 제출 권한을 당사자(원고 또는 피고)에게 부여하며, 재판부는 원칙적으로 당사자가 제출하는 법적 청구권원과 사실 주장 및 증거 제시를 다 들어보고 나서 변론을 종결한 후 법적 판단을 하도록 하고 있다. 이는 앞에서 살펴본바 '법적 진실의 상대성'을 전제로, 민사재판의 주도권을 당사자가 가지도록 한 법원의 커다란 양보이다.

민사소송법상 제도화된 '변론주의'를 부정하는 사람은 아무도 없다. 그러나 막상 구체적인 법률실무의 수행 현장을 보면, 판단기관인 법관들은 불가피하게 사건의 실체 판단에 관하여 직권주의적 취향으로 기우는 경향이 있고, 변호사들은 변론주의의 생동력 있는 힘을 충분히 발휘하지 못하거나 반대로 변론주의의 한계에 부딪히는 경우가 있다. 이하에서는 변호사의 실무와 법원의 실무를 통하여 변론주의가 실제로 이루어지는 과정 및 문제점들을 검토해 본다.

4.2. 변호사와 변론주의 - 소송변호사는 어떻게 재판을 준비하는가

4.2.1. 소송 변호사의 '밥상 차리기'

변호사 일을 시작할 무렵 어느 선배 변호사로부터 들은 일종의 격언이다. 『소송변호사가 하는 일은 하나의 사건을 놓고 원재료(材料)인 사실관계와 증거자료를 잘 모아서, 정확하고 풍부한 법적 청구권원으로 잘 버무려진 멋진 요리를 만들고, 먹음직한 밥과 국과 풍성하고 다양한 반찬으로 '법적 안정성'과 '구체적 타당성'을 정돈하여 "잘 차려진 밥상"을 만드는 것』이고, 『민사사건에서 승소하는 것은 원고와 피고가 만든 두 개의 밥상 중 재판부로 하여금 내가 만든 밥상에 수저를 올리게 만드는 일과 같다』는 것이다.

맨 처음 의뢰인이 변호사에게 찾아와서 사건의 상담을 할 때, 의뢰인은 자기의 정당성을 호소하고 인정받기에 마음이 급할 뿐 정확한 사실의 전후관계를 잘 설명하지 못한다. 이것은 마치 부엌 바닥에 혼잡스럽게 널려진 곡식과 채소 요리재료와 같다. 변호사가 의뢰인의 이야기만을 수동적으로 쫓아가면 정돈이 되지 못한 지저분한 밥상을 차리게 된다. 지저분하고 혼잡한 밥상에는 법관의 수저가 잘 올라오지 않는다. 변호사가 의뢰인이 준 원재료만 밥상 위에 올려놓고 법률이론으로 요리를 만들지 못하면, 법관은 날 것인 재료가 아무리 신선하다고 해도 이를 먹고 소화하기가 어렵다.

'30퍼센트 짜리 부족한 원재료(사실 및 증거)를 가지고도' 잘 정돈된 사실관계와 먹고 싶은 법률이론의 요리를 만들어낸 변호사 [A]의 밥상과, '70퍼센트의 풍부한 원재료를 가지고도' 혼잡한 사실관계와 덜 익은 법률이론의 요리를 올린 변호사 [B]의 밥상 두 개가 재판부의 법대(法臺) 앞에 올려진 경우, 재판에서의 승자는 당연히 원재료가 나빠도 좋은 요리를 한 밥상 [A]가 된다. 그래서 민사사건의 승패에 있어서 변론의 성패, 즉 변호사의 역할은 때때로 결정적인 것이 되기도 한다.

4.2.2. 변호사의 능력과 시간의 한계 : 변호사의 낭만적인 생활과 낭만적인 업무결과는 반비례의 관계에 있다. 크고 작은 모든 사건은 담당 변호사가 어떻게 하는가에 따라 그 결과가 크게 달라진다. 앞서 본 바와 같이 재판의 대상이 되는 사건의 진실은 고정된 '하나'가 아니기 때문이다. 원고 입장

의 진실과 피고 입장의 진실이 다르고, 과거 시점에 실재(實在)했던 애매하고 혼합된 진실과 지금 시점에 원고와 피고가 기억하는 진실이 다르며, 지금 진행되는 재판과 변론을 통하여 원고와 피고가 재구성하는 진실, 법관에 의해서 납득되는 진실이 모두 똑같지 않은 상황에서, 변호사가 최선의 시간과 노력을 사건에 투여하면 사건의 성격과 내용이 달라진다. 변호사가 죽어라고 기록을 째려보면 질 것 같던 사건도 이기고, 변호사가 기록을 째려보지 않고 대충 보면 이길 것 같던 사건도 지게 될 수 있다.

변호사의 일에는 머리도 필요하고 지능도 필요하지만, 기본적으로는 시간이 가장 크게 필요하다. 현실적으로 변호사 일은 지극히 시간소비적이다. 또한 아무리 숙달되고 노련하고 법률지식이 풍부한 변호사라고 하여도 그가 모든 법률이론과 판례를 다 아는 것은 아니다. 변호사가 판례를 잘 안다고 자만해서 제대로 찾아보지 않으면 꼭 틀리고 사건을 망친다. 변호사가 준비서면을 한번 쓰고 서둘러 제출하면 숱한 실수를 하게 되어 있다. 그러나 변호사가 두 번 세 번 스스로 검토를 하고 수정해서 제출하면, 서면의 질과 사건의 양상이 크게 달라진다. 변호사가 자기의 시간을 부인하면, 사건이 살아나고 의뢰인의 인생이 살아난다.

그러나 동시에 수십 건의 사건을 진행하는 변호사들이 하나의 사건에 그리고 모든 사건에 이처럼 '온 몸과 온 마음과 온 정신'을 쏟아붓는 것은 현실적으로 불가능한 일이다. 변호사도 '선악간(善惡間)에 끼어있는 현실적인 생활인'이라는 점을 무시하고, 의뢰인이 변호사에게 그리고 변호사가 스스로 자신에게 사건에 대한 무제한적 헌신을 요구하는 것은 비현실적이다. 물론 예외적으로 변호사의 사명감과 정의감이 아주 강하게 살아나는 사건, 변호사와 의뢰인 간의 인간적 신뢰감과 상호만족도가 커져서 금전적 인센티브 이상으로 변호사의 노력을 발동시키는 특별한 경우도 있기는 하다.

안타깝지만 변호사 보수가 크면 변호사의 능력과 시간을 더 많이 동원할 수 있다는 것에는 현실적으로 당연한 면이 있다. 세상에는 공짜가 없고 가족을 부양하는 변호사가 성자(聖者)가 아닌 이상, 적정한 대가를 받지 못하면 자기의 시간과 열심을 동원하는 데에 한계가 있다. 공익적 무료변론의 한계도 여기에서 나타난다. 일반적으로 변호사를 비난하는 유전무죄, 무전유죄의 비난도 이 문제와 관련이 있다. 따라서 민사재판에서 무조건 변호사 보수가 적은 것이 당사자들에게 유익한 미덕은 아니다. '변호사를 통한 변론주의의 실현'과 관련하여, 의뢰인들에게는 변호사의 활용에 관한 현실주의적인 접근이 요구되기도 한다.

선악 간에 살아가는 인간 간에 벌어지는 분쟁을 설명하는 '본전이론(本錢理論)'은, 의뢰인과 변호사 간의 권리와 의무의 양적 크기와 질적 깊이에 대한 인식에도 그대로 적용된다. 거의 대부분 변호사는 자기가 하는 일에 비하여 수임료의 대가를 조금 받았다고 생각한다. 그러나 의뢰인은 대부분 자기가 받는 서비스에 비하여 수임료의 대가를 많이 주었다고 생각한다. 그래서 변호사와 의뢰인 간에도 본전은 결코 잘 맞지 않는다!

변호사의 변론능력 활용의 필요성과 의뢰인의 재정적 능력과 관련하여 '변론주의와 무기평등(武器平等)'의 문제가 발생한다. 현재 활성화되고 있으며 수 년 전 법정드라마 '네 목소리가 들려' 등을 통해서 유명해지기도 한 '공익전담변호사' 제도, 그리고 2012년부터 시작된 제도로 매년 수십억 원의 정부예산을 확보하여 변호사로 하여금 성폭력 등 피해자 보호를 위한 법률업무를 수행하도록 하고 그에 대하여 적당한 보수를 지급하는 '법률조력인' 제도와 같이, 사익과 공익이 서로 만나서 지속가능한 구조를 가지는 공익적 변론 구조(救助) 시스템의 복지적 확대가 필요하다. 그러나 '사익'을 놓고 쟁투하는 민사재판에 어느 정도까지 '공익'적 개입이 가능하고 실질적인 효과를 발휘할 수 있을 것인가 하는 것은 끊임없는 수고와 긴장과 숙고와 씨름을 요구하는 숙제이다.

4.2.3. 변호사가 추구하는 진실의 당파성(黨派性)과 그 한계(限界)

앞에서 본 바와 같이 법적 진실은 다중적이고 관점과 입장에 따라 상대적이며, 시간의 경과에 따라 크게 변동하지만, '어느 특정한 시점에서 사건을 쳐다볼 때'에는 조금 더 우세한 진실을 가진 쪽이 있고 조금 더 불리한 진실을 가진 쪽이 있는 것으로 느껴진다. 민사재판에는 쌍방 당사자가 있다. 따라서 결국에는 승패로 운명이 갈릴 양쪽의 당사자 모두가 변호사를 필요로 한다.

그러므로 재판의 당사자, 즉 원고 또는 피고로부터 사건의 의뢰받은 변호사는 기본적으로 판사처럼 중립적, 객관적, 제3자적인 입장에서 진실을 관찰하고 판단하는 사람이 아니고, 한쪽 의뢰인의 입장에서 일방 당사자를 도와주는 사람이다. 소송변호사의 역할은 그것이 70퍼센트 수준으로 강력한 것이든 20퍼센트 내지 30퍼센트 수준으로 미약한 것이든 의뢰인이 붙잡고 호소하고자 하는 부분적 진실(근거, 억울함)을 진심으로 이해하고, 의뢰인의 부분적 진실을 변론을 통하여 최대한 극대화해야 하는 당파적인 성격을 가진다.

법적 진실을 찾는 일에 있어서 당사자의 주도권을 인정하는 변론주의(辯論主義) 또한, 기본적으로 의뢰인을 위하여 의뢰인의 입장에서 최선으로 싸우는 당파적 변호사의 역할을 전제로 하고 있다. 재판의 당사자들은 서로 '거칠게, 감정적으로, 일상용어를 사용하여, 욕을 하면서' 싸운다. 소송변호사는 분쟁 당사자를 대신하여 '우아하게, 논리적으로, 법률용어를 사용하면서, 욕인지 아닌지 모를 정도로 품위 있게 그러나 더 효과적으로, 욕을 하면서' 자신의 의뢰인을 위하여 싸우는 것이 임무이다. 그러니까 재판의 당사자들은 원칙적으로는 상대방 변호사의 당파적인 역할을 이해하고, 그의 법률적 주장과 공격에 너무 흥분하고 분노하지 않는 것이 좋다. 그는 그가 할 일을 하고 있을 뿐이기 때문이다.

변호사 경력의 초기에는 70퍼센트, 80퍼센트의 승소가능성이 있어 보이는 '쉬운' 사건만 선호하고, 일견 어려워 보이는 사건은 맡기를 싫어한다. 그러나 변호사의 경력과 내공이 쌓여갈수록 40퍼센트, 나아가 30퍼센트 정도로 불리해 보이는 사건을 수임하는 것에 두려움이 적어지고 오히려 매력을 느끼는 경우가 많아진다. 이는 '변호사의 밥상 차리기'를 통하여, 그리고 '당파적인 변론의 치열한 전개'를 통하여 처음에는 불리해 보이던 사건이 승리하는 사건으로 변화하는 것을 보는 보람이 있기 때문이다. 그리고 '자기의 핍박받던 연약한 진실이 점점 인정되고 성장하는 것을 보고' 최종적으로 자신의 억울함을 신원(伸寃)받은 의뢰인이 보여주는 큰 기쁨과 행복을 변호사로서 함께 나누는 즐거움이 있기 때문이다.

'법적 진실의 상대성'과 '변호사 역할의 당파성'이 만나면, '변호사의 변론의 자유도(自由度)'가 급격히 커진다. 첫눈에 불리해 보이는 미약한 진실을 이길 수 있는 강력한 진실로 발전시키려면, 일견 유리한 사건을 다룰 때에 비해서 '변론의 양적 질적 강도와 긴장도'가 크게 증가하게 된다. 그러다보면 변론주의의 한계, 법적 진실의 상대성의 한계를 만나게 된다. 'A 버전의 진실'이 'B 버전의 진실'과 싸워 이기는 것은 정당하다. 그러나 '허위'가 변론주의의 기술을 통하여 '진실'을 이기는 것까지 정당화될 수 없다. 구체적인 사건에서 이 두 가지 경우의 차이와 경계가 과연 어디에 있는지를 파악하기는 매우 어려운 문제이다. 법적 진실의 상대성과 변론의 당파성이라는 정당한 전제 하에서 '순결한 비둘기와 지혜로운 뱀' 사이를 자유롭게 왔다 갔다 하던 소송변호사가, '지혜로운 뱀'과 '악한 뱀파이어(Devil's Advocate)' 사이의 위태로운 경계에 서게 되는 것이 바로 이 지점이다.

4.3. 법관과 변론주의 - 법관이 법대(法臺)에서 내려오면?

4.3.1. 변론주의의 중요성 - 재판의 실체적(實體的) 측면

(1) 당사자가 주장하는 진실의 '부분성과 불완전'에 대한 존중 :

법원이 변론주의를 실질적으로 존중하고 적용하기 위해서는 우선 '당사자가 주장하는 진실의 부분성과 불완전성'을 존중할 필요성이 있다.

실제로 당사자는 민사사건 초기에 뭐가 뭔지를 모르는 혼돈상태에서 마음만 급한 경우가 많다. 변호사에게 여러 가지 이야기를 하는데 도대체 조리에 맞지도 않고, 본인이 느끼기에 자기에게 유리한 얘기만 하고 조금이라고 마음에 찔리고 불리해 보이는 사실은 숨기고 잘 이야기하지 않으려고 한다. 그러나 당사자가 스스로 불리하다고 숨기는 사실들이 실제로는 사건의 중심과는 전혀 관계가 없고 도리어 본인에게 유리한 경우도 있다. 재판을 시작하고 한참 나중에야 의뢰인이 법률상 중요하고 유리한 핵심적인 사실을 깨닫고 기억해서 변호사에게 얘기하는 경우도 있다.

그러니까 당사자가 주장하고 변호사가 법률적으로 통역한 진실은 소송 초기부터 '전체적이고 완전한 변론의 풀 세트(Full Set)'로 만들어져 있는 것이 아니라, 계속해서 형성되어 나가는 법적 진실의 초기적 형태, 부분적이고 불완전한 것인 경우가 오히려 많은 것이 당연하다. 그리고 일반적인 경우 당사자들이 가지고 있는 진실은 100퍼센트가 아니고 30퍼센트 내지 40퍼센트 또는 60퍼센트 내지 70퍼센트의 부분적인 진실이기 때문에, 그것을 증폭시켜서 90퍼센트 내지 100퍼센트의 진실인 것처럼 재판부를 설득하려는 변호사들의 변론도 당연히 상당 부분 억지스럽고 듣기에 거북할 수밖에 없다.

수많은 민사사건을 다루는 법률전문가인 재판부의 입장에서는 '사건 초기에 당사자와 변호사가 제출하는 초기변론의 내용만 보고도' 사건의 실체에 대한 직관적 심증과 판단이 서기가 쉽다. 오히려 그러한 사전심증이 형성되는 것이 인간적으로는 더욱 자연스러운 일이기도 하다.

그러나 법원이 변론과 재판의 전(全) 단계를 거치기 전에 사건의 실체적 내용에 대해서 얻은 심증과 선입관을 너무 강하게 가지고 당사자의 변론의 전개와 발전을 주시하지 않는다면, 즉 당해 재판을 '생물(生物)'로 취급하지 않고 '무생물(無生物)'로 취급한다면, '당사자의 주도를 통한 민사재판의 상대적 진실 추구'라는 변론주의의 본령(本領)을 위배하고 결국에는 사건의 진정한 실체적 진실 파악에도 실패할 위험이 있다.

(2) '법원이 판단하는 법적 진실'에 대한 과도한 신념

'삼심 제도' 자체는 각 심급 법원의 재판부가 법적 진실을 잘못 판단할 수 있다는 가능성을 인정한 제도이고, 잘 훈련된 유능한 법관들에게도 나타날 수 있는 잘못된 판단을 시정할 수 있도록 한 제도이다. 그러나 간혹 어떤 경우에는, 재판부가 이미 가지고 있는 심증에 관해서 너무 강한 확신을 가진 나머지, 당사자들의 절실하고 애가 타는 주장들을 재판부가 이미 '다 알고' 있는 '법률적 답'을 흔들어서 착오에 빠뜨리려고 하는 사기적(詐欺的) 소란이나 책동처럼 취급하는 태도가 있다.

재판을 할 때에, 법관은 법대(法臺) 위에 있고(천상에 있고), 당사자와 변호사는 법대(法臺) 아래에 있다.(지상에 있다) 법대 위의 법관은 판결을 내릴 권력을 가지고 있고, 권력이 없는 법대 아래의 당사자와 변호사는 유리한 판결을 애걸하고 법관이 내리는 판결에 구속된다. 사람이 신을 대신하여 선악을 판단하여야 하는 법관의 자리는 매우 중요하고 결정적인 위치로, 그 본질상 인간이 감당하기에 매우 위험하고 버거운 자리일 수 있다. 그래서 선악을 판단하지 않는 변호사의 일에 비해 선악을 판단하는 판사의 일은 더 중요하고 더 조심스러운 일이 아닐 수 없다. 사법권을 가진 법관이 너무 자신감에 차서 '오만한 자의 자리에 앉으면',[23] 선악판단의 권한이 없는 당사자와 변호사는 오갈 곳 없는 괴로운 처지에 빠진다.

(3) 당사자 변론의 '주관적 선악'에 대한 법원의 비난 - 본전이론 관련

간혹 법관이 불리한 당사자의 반복되는 주장을 미워하고 지겨워하는 태도를 보이는 경우가 있다. 법대 위의 재판부는 보통 원고가 가진 법적 진실의 몫과 피고가 가진 법적 진실의 몫을 합하면 산술적 합계로 100퍼센트가 되는 것으로 생각하는 듯하다. 이렇게 단순한 산수를 택하면, 변론을 통해 법관에게 인식되는 일방 당사자의 진실이 70퍼센트일 때 상대방 당사자의 진실은 30퍼센트에 불과한 것으로 계산된다. 이 경우 재판부는 70퍼센트 당사자는 선(善)하고 30퍼센트 당사자는 악(惡)한 것으로, 70퍼센트 당사자의 변론은 존중할 만한 선(善)한 변론이지만 30퍼센트 당사자의 변론은 존중할 필요 없는 악(惡)한 거짓말 변론이라고 생각할 수도 있다.

그러나 앞서 본 바와 같이, 분쟁 당사자들이 가지는 주관적 정의의 계산에는 초등학교 산수의 일차방정식이 아니라 고등수학의 고차방정식이 요구된다. 민사분쟁의 당사자들은 서로 본전이 안 맞아서 재판에 나온 사람들이고 각자 자기의 본전을 더 크게 생각한다. 법대 아래에서 치열하게 싸우는 쌍방 당사자가 각자 양심껏 생각하는 주관적 진실의 합계는 100퍼센트를 넘으며, 원고의 주관적 진실과 피고의 주관적 진실은 모두 절반인 50퍼센트를 넘는 경우가 많다. 그러니 원고와 피고는 모두 '주관적으로는, 다소의 과장은 있더라도 기본적으로 자기의 주관에 부합하는 양심적 변론을 하고 있는 셈이다.

재판 중 법관이 '객관적으로 30퍼센트' 정도처럼 평가되는 당사자의 변론을 '주관적으로도 70퍼센트 거짓말'인 것으로 취급하고 배척하는 태도를 보이는 경우, 배척당한 당사자는 '나는 나의 진실을 호소하려고 하는데, 법관은 나와 변호사를 거짓말쟁이로 취급하고 그 입을 막으려고 한다.'는 심각한 절망과 분노를 느끼게 된다. 그러므로 법관이 당사자 주장의 '객관적 선악'을 판단하는 것을 넘어서, 당사자 주장의 '주관적 선악'을 성급하게 판단하는 것은, 곤란한 일이다.

4.3.2. 변론주의의 중요성 – 재판의 절차적(節次的) 측면

(1) 법원의 '들어주는 자의 역할'

– 당사자가 가지는 '일말(一抹)의 사소한 진실'에 대한 인격적 배려 :

아주 예외적인 경우를 제외하고는, 누구든지 '단 하나의, 일말의'의 법률적 진실도 없이 재판의 당사자로 나서는 경우는 드물다. 돈을 준 증거가 없어서 재판에 이기는 것이 거의 불가능한 경우에도 '다소 얼마라도 실제로 돈을 주고 못 받는 억울함'이 있으니 재판을 거는 것이다. 상대방의 주장에 부합하는 내용의 서면에 다 날인을 해서 재판에 질 수밖에 없는 상황이더라도, '무형(無形)적인 상호 선의(good faith)를 배신당한 것에 대한 억울함'이 있으니 재판을 하는 것이다. 그러니까 청구권의 법적 구성을 하는 것이 불가능한 당사자도, 요건사실도 부족하고 증거도 다 없거나 잃어버린 당사자도, 법이 자신의 억울함이라도 들어주기를 기대하여 재판에 나온 것이라는 점, 심지어 자기가 80퍼센트 틀린 것을 분명히 아는 당사자도 자기가 가진 20퍼센트의 억울함을 도저히 포기할 수 없어서 재판에 나온 것이라는 점을 이해할 필요가 있다.

법원의 역할에는 민사분쟁에 있어서 실체적으로 상대적 선악을 판결하는 '판단하는 자의 역할' 뿐만 아니라, '국민의 재판받을 권리(헌법 제27조)'라는 헌법적 요구를 절차적으로 담당하는 '들어주는 자의 역할'도 있다.

법원의 '판단하는 자의 역할'과 관련해서 본다면, 어차피 민사재판에서 둘 중 하나는 지고 둘 중 하나는 이기게 되어 있으므로, 재판에서 진 절반의 사람들이 법원을 욕하는 것은 어쩔 수 없는 것이고, 그로 말미암아 법원이 비난받을 일은 아니다.

그러나 법원의 '들어주는 자의 역할'과 관련해서 보면, 법원이 '일말의 진실, 아주 조금의 진실을 가진 자의 주장'을 잘 들어주지 않고 싫어하고 배척하고, 나아가 그를 정의를 왜곡하고 법을 흐리는 자로 취급하며 적대시하는 것은, 충분히 비난을 받을 만한 일이라고 할 것이다.

2012년 개봉되었던 영화 '부러진 화살'은 실제 법원에서 이루어진 재판을 소재로 한 제작비 15억 원의 저예산영화로, 일반 대중의 큰 호응을 얻어 무려 350만 명이 관람하는 공전의 히트를 친 일이 있었다. 당시 법원은 이 영화에 대한 대중의 호응과 비난에 크게 당황했었다. 나는 그 사건을 구체적으로 담당한 변호사가 아니니, 그 영화가 주장하는 법원의 실체적 판단의 잘못이 있는지 없는지는 정확히 평가할 수가 없다. 그리고 오히려 영화를 보는 과정에서는 같은 법률가로서 그 영화에서 일방적으로 두드려 맞으면서 욕을 먹는 법원에 대하여 조금 불쌍하고 안쓰럽다는 느낌까지 들었다. 그러나 영화가 끝나자마자 우레와 같은 박수를 치고 즐거워하며 영화관을 떠나는 객석의 관중들을 보면서, 이것은 '판단하는 자에 대한, 판단 받는 자들의 반격'이라는 깨달음이 있었다. 법원이 법으로 판결할 권력을 실체적으로도 절차적으로도 정당하게 그러나 '다소 오만하게' 행사하는 경우, 당사자들은 법으로는 보복할 방법이 없으나, 영화로는 이렇게 통렬하게 그에 대한 보복을 할 수 있고, 법원은 속수무책으로 당하게 되는 것이다.

이때 문제는 판결의 실체적 타당성과 절차운영의 합리성에 관한 옳고 그름의 문제가 아니다. 인간의 존재론적 감정의 문제, 재판 당사자의 인격에 대한 존재론적 배척의 문제이다. 훌륭한 재판을 하고 승소하는 당사자만 존엄한 인격을 가진 것이 아니다. 재판에 와서 법대 아래서 완전히 헤매고 횡성수설을 하다가 패소하는 당사자도 마땅히 존중받을 만한 존엄한 인격으로 대접해야 한다. 선악을 판단하는 법원이 패소 당사자들의 '일말의 진실, 일말의 선'에 대해서 인간적으로 존중하지 않고 적대시하는 태도를 보인다면, 영화 '부러진 화살'과 같이, 법원으로부터 상처받은 대중의 법원에 대한 공격은 계속될 것이다.

수십 건의 소송을 동시에 수행하면서 한 사건에 헌신적으로 올인(all-in)하지 못하는 변호사의 현실적 조건처럼, 수백 건의 소송을 동시에 담당하는 법관들이 한 사건 한 사건의 민사소송에 대하여 '대체로 말이 안 되는, 대부분 억지스러운, 법적으로는 무의미하거나 절차적으로 수용 불가능한, 당사자의 실체적, 절차적 주장'을 '웃는 낯으로 친절하게 청취'하는 것이 도저히 어려운 법관의 현실적 조건과 괴로움은 분명하고 이해할 만하다.

그러나 여기에서도 변호사와 의뢰인 간의 권리의무 계산에 서로 본전이 맞지 않듯이, '재판을 하는 법관'과 '재판받을 권리를 행사하는 국민(당사자)' 간에는 서로의 권리의무에 관하여 서로 본전이 맞지 않는 비극이 있다. 법관이 생각하는 본전은 '법원의 판단하는 자의 역할' 쪽에 가깝고, 당사자(국민)가 생각하는 본전은 '법원의 들어주는 자의 역할' 쪽에 가깝기 때문이다. 그래서 국민도 억울하고, 법원도 억울해진다.

(2) 당사자들의 변론권에 대한 절차적 존중의 필요성 :

지연된 정의는 거부된 정의라고 한다. 그러나 성급한 정의는 위험한 정의이고, 너무 급히 뛰어가는 정의는 무시하는 정의가 될 수 있다.

재판기일이 잡히지 않고 장기간 휴식하는 재판의 지연도 문제이지만, 행정적 고려에서 장기미제 사건의 숫자를 줄이기 위해 급히 종결하는 변론, 2심에서는 가급적 증인신문을 일체 허용하지 않고 조속히 재판을 종결지으려고 서두르는 항소심 재판의 진행, 재판부가 조정(調停)을 너무 과하게 권유하여 판결을 받기를 원하는 당사자의 기선을 제압하려고 드는 것 등은, 당사자들의 절차적 변론권에 대한 법원의 과중한 직권주의적 제한이 될 수 있다.

여기에서도 재판절차에 대한 법원의 고민과 당사자들의 원망은 서로 대립하고 충돌한다. 당사자와 변호사는 '조금이라도 더 애타게 재판부에게 한마디라도 더 하면서 재판부를 설득할 기회'를 가지고 싶어 하고, 재판부는 '이미 나는 다 알고 있으니 더 이상 억지로 설득을 당하고 싶지가 않다'고 한다. 목숨 걸고 짝사랑하는 자와 그 짝사랑을 뿌리치려는 자 간의 갈등이며, 치마가랑이를 붙잡고 매달리는 이수일과 냉정히 돌아서려는 심순애의 갈등이다. 선악과를 따먹고 선악판단을 해야 하는 인간(법관)과 선악과를 따먹었지만 선악판단을 받아야 하는 인간(당사자) 간의 어려움과 괴로움과 간극과 갈등은 쉽게 해결되지 않는다.

(3) 법관이 법대(法臺) 아래로 내려오면? :

변론주의와 관련하여 가장 큰 위험과 문제점은 '법관이 당사자화(當事者化)할 때', 즉 '법관이 법대 위에서 법대 아래로 내려올 때' 발생한다.

'재판부가 원고와 피고 중 한쪽의 편만 들을 때', 재판부가 한쪽 당사자를 싫어하고 다른 쪽 당사자에 대하여 법률적 사실적 Advice를 제공하는 등 법관이 당사자화할 때가 있다. 당사자나 변호사로서는 상대방하고 싸우는 것만도 힘겨운데 판결권을 가진 법관까지도 상대로 하여 2:1로 법적 싸움을 벌여야 하는 상황은 너무 벅차고 감당하기 어려운 일이다. 판사가 변호사나 당사자와 직접 싸우고 다투려고 하면 정상적인 재판은 사실상 사라지게 된다.

이는 '재판부가 너무 빨리 결론을 내고 더 이상의 변론을 듣지 않으려고 할 때'도 마찬가지이다. 재판부가 사실관계에 대한 조기결론을 내리고 그 이후 일방 당사자의 주장을 거의 거짓주장으로 인식하고 노골적으로 배척하는 태도를 보이는 때가 있다. 이러면, 당사자의 입장에서는 재판은 이미 끝이 난 것이 되어 황망한 처지에 놓이게 된다.

'재판부가 법리에 대하여 지나치게 보수적이고 비개방적인 태도를 보일 때'에도 이런 문제가 나타난다. 당사자나 변호사로서는 나름대로 '구체적인 타당성'에 대한 강조와 '적극적인 법률이론'의 전개를 작심하고 재판을 시작하려 하는데, 재판부가 기존 판례의 존재를 너무 절대시하고 그 적용을 만연히 절대시하여 마치 '재판이 시작하자마자 재판이 끝난 것'처럼 법률논쟁의 기회조차 봉쇄하려는 태도를 보일 때, 당사자의 변론권과 재판받을 권리는 물거품처럼 허공에 사라진다.

당사자의 입장에서 가장 문제가 될 수 있는 것은, '지나친 조정 시도로 재판부가 당사자와 직접 다투려 드는 경우'이다. 조정에도 장점이 있기는 하지만, 당사자들은 기본적으로 옳고 그름에 대한 제3자의 객관적인 판단인 법원의 '판결'을 원하고, 자기의 굴복이나 양보, 포기를 통한 조정을 원하지 않는 경우가 많다. 만일 포기하고 타협할 수 있었다면 재판을 아예 걸지 않았을 것이다. 법원이 하는 조정은 개인 간에 불가능했던 타협과 포기를 법원의 권위로 시도할 수 있다는 장점이 있다. 그러나 마치 동전의 앞뒷면처럼 법원의 권위를 이용한 타협의 강권에는 변론주의와 당사자의 자율권을 크게 해치는 위험이 있다. 법관이 조정을 성사시키는데 너무 집착하여, 법대에서 내려와 당사자의 패소 위험성은 과장하면서 위협하고, 이를 위해서 당사자와 직접 사건의 실체관계와 옳고 그름에 대하여 논쟁을 하는 경우가 간혹 발생한다. 이런 방식으로 법관이 쌍방 당사자의 중간 위치를 벗어나는 것은 변론주의를 흔들 뿐만 아니라 사법제도 자체의 객관성, 중립성에 대한 신뢰를 위태롭게 하는 위험이 있다. 다소 답답하더라도 법관은 법대 아래의 지상으로 내려오지 말고 법대 위의 초월적 자리에 남아있는 것이 당사자들에게는 더 평안함과 신뢰감을 준다.

5. 요 약 : 선악과와 변론주의 - 선과 악의 상대성

5.1. 판단하는 인간(Homo Judicus)

태초에 선악을 알게 하는 선악판단의 나무가 있었다. 모든 인간은 선악과를 따먹고 모든 일과 모든 사람을 판단하는 '판단하는 인간, 재판하는 인간'이 되었다. 선악을 판단하는 인간은 서로의 다른 판단으로 끊임없이 형제 간에, 친구 간에, 이웃 간에, 마을과 계층과 민족과 나라 간에 분쟁하는 인간, 심판하는 인간이 되었다. 수십만 수백만 개의 선악판단이 난무하는 만인의 만인에 대한 분쟁과 심판과 폭력을 세상과 인생들은 감당할 수 없어서, 신의 계시를 통하여 그리고 사람들 사이의 계약을 통해서 법과 재판제도가 생겨났다.

5.2. 사람의 분쟁과 본전이론

법과 재판 제도를 통하여 다루어지는 인간 간 법적 분쟁의 선악판단, 즉 '법적 진실'은 단일한 하나가 아니고, 상대성을 가지는 여러 버전으로 나타난다. 원고와 피고는 서로 다른 계산으로 권리의무의 양과 질을 판단하여 서로 본전이 맞지 않는다.(본전이론) 권리와 의무 간에 본전이 맞지 않는 현상은 민사분쟁의 당사자인 원고와 피고 사이에서만 발생하는 것이 아니다. 변론의 양과 질에 관해서 의뢰인과 변호사 간에도 서로의 권리의무에 관한 본전이 맞지 않는다. 그리고 국민의 재판받을 권리('들어주는 재판')와 법관의 효율적인 재판 운영('판단하는 재판')을 놓고도 국민(당사자)과 법원 사이에 본전이 맞지 않는다.

5.3. 법적 진실의 상대성이론

법과 재판에 관한 진실은 원고와 피고의 공간적 위치에 따라서 상대적으로 달라지고, 과거의 시점과 현재의 기억 사이에 시간적인 차이에 따라서도 상대적으로 달라진다. 법적 진실은 시공간을 초월하고 인간의 행동을 초월하여 고정된 절대적인 것이 아니고, 당사자의 변론에 의하여 재창조되고 법관의 선택에 따라 재구성된다. '정치가 생물'이듯이 '재판도 생물'이다. 당사자와 변호사의 노력의 양과 질에 따라 운동하는 변론은, 법적 진실의 팽창과 수축, 법적 진실의 전진과 후퇴를 발생시킨다.

5.4. 처방 - 변론주의(법이 진실을 찾아가는 법)

법과 재판은 인간을 성선설적으로 이해하지 않고, 성악설적(性惡說的)으로 불신하고 의심한다. 여기에서 의심의 대상은 분쟁 당사자인 일반 시민뿐만 아니라, 판단자인 법원(법관)까지 포함한다. 법관의 판단능력의 절대성에 대한 의심은, '삼세번'의 재판(삼심주의)으로 법관의 오판가능성을 대비하고, 법적 선악판단의 주도권을 법관으로부터 빼앗아서 연약하고 이기적이고 불완전한 당사자들에게 넘겨주는 성악설적 재판원리를 제도화하였다.(변론주의) 변론주의는 절대적인 법적 진실의 선험적 존재를 전제하지 않고, 당사자들의 변론과 상호작용을 통하여 구성하고 형성해 가는 '상대적 진실'을 추구한다.(법이 진실을 찾아가는 법)

자연세계의 인식과 관련하여 시간과 공간의 절대성과 측정의 절대성을 부정하고 상대성을 진리로 채택한 물리학의 상대성이론과 불확정성원리는 인간에게 오히려 '눈으로 보이는 자연의 구속에서 벗어나' '눈에 보이지 않는 미시(微示)의 세계로 들어가는' 거대한 기술적 자유를 안겨 주었다.

인간사회의 인식과 관련하여, 법적 사실의 상대성과 법적 가치의 상대성, 그리고 법적 판단능력의 상대성을 인정하고 이를 제도화한 변론주의(법적 진실의 상대주의)는, 인간의 선악판단의 절대성을 의심하여 부정하고, 분쟁의 당사자와 조력자(변호사)와 판단자(법관) 간의 집단적 협업과 분업을 통하여 법적 진실을 찾아가도록 하였다. 이는 명분상 인간의 선악판단능력을 신뢰한다는 이념 하에 중세 종교재판, 전통적인 원님 재판 등에서 수많은 인간비극을 낳은 자백주의, 탄핵주의, 규문주의, 직권주의 등 성선설적인 재판제도의 해악과 폭력성으로부터 인간의 자유와 안전을 크게 증진시켰다.

5.5 결 론

창세기 3장 6절에서 선악을 알게 하는 나무의 과실을 따먹은 사람의 세계에서, 앞으로도 모든 사람은 항상 모든 것을 판단하고 모든 사람을 판단하며 살아갈 것이다. 그리고 사람들 간에는 계속하여 권리의무에 관한 본전이 서로 맞지 않을 것이다. 그리하여 사람들은 서로를 나에게 빚진 자라고 생각하며 결코 용서하지 않을 것이다. '이웃의 소유'가 '너의 소유'인지 '나의 소유'인지 도대체 어느 쪽이 '이웃의 소유를 탐하는 자'인지에 관한 법적 분쟁과 재판은 끝이지 않을 것이다.

'법'을 악하게 보는 사람도 있고, '법'을 선하게 보는 사람도 있다. '법'이 악할 때도 있고, '법'이 선할 때도 있다. 그러나 '법'과 '재판'은 어쩔 수 없이 선악 간에 살아가는 인간의 현실이다.

모세가 시내산에서 십계명과 법률(율법)을 받은 이후 약 4천 년 동안, '법'과 '재판' 제도는 인간의 사회와 함께 치열하고 실용적으로 전개되고 진전해 왔다. 전지전능한 신이 아님에도 불구하고, 불가피하게 인간의 손과 입과 눈과 머리로 선악판단을 해야 하는 법과 재판 제도는, 판단을 받는 자에게도, 판단을 하는 자에게도, 판단을 하는 제도 그 자체에도, 수많은 어려움과 괴로움과 불만족과 갈등을 주어왔다.

그러나 법과 재판이 '인간의 판단력에 대한 성악설적 절대의심(絶對疑心)'을 기초로 찾아낸 잠정적 처방인 변론주의, 즉 '법적 진실의 상대론'은, 정치,

경제, 사회와 가정 등 각 분야에서 계속 이어지는 사람과 사람 간의 분쟁과 미움과 갈등의 폭력성, 독단과 교조주의와 극단주의를 해결하고 완화시키면서 인간 세계의 평화를 증진하는데 참조하고 다른 분야에 확대 적용을 모색할 만한 가치가 있는 제도가 아닐까 생각된다.

이처럼 '법적 진실의 상대성'에 입각한 '변론주의'는 실질적인 재판에서 당사자와 변호사 간에, 당사자와 법원 간에 더 실질적이고 풍부하고 공정하고 정의로운 재판이 이루어지도록 하기 위해서 더 밀고 나가야 할 좋은 제도이다. 당사자는 자기가 주장하는 진실의 주관성과 상대성을 알면서 재판에 임하고, 변호사는 변론주의를 통하여 개별 사건 속에 들어있는 인간 진실의 다양성과 복합성을 더욱 풍부하게 전개해 나가고, 법관은 실체적으로나 절차적으로나 변론주의의 실질적 존중을 통하여 사람의 인생과 운명이 달린 재판을 더욱 신중히 처리하여야 한다.

다만, 여기에서 경제적 재원이 부족한 상대적으로 가난한 사람들, 고아와 과부, 나그네들이 실질적이고 효율적인 변론을 제공받을 기회를 갖기가 어렵다는 것, 즉 상대적인 법적 진실이 부의 편재에 의하여 왜곡당할 수 있다는 점은 심각한 문제에 해당한다. 그러므로 '변론주의의 무기평등'을 이루기 위한 변호사들의 집단적인 노력과 법원, 정부의 노력, 그리고 사회적 투자로 지속가능한 법률적 복지제도의 마련과 확충이 필요하다.

그러나 근본적으로 「성악설적인 인간이해에 기초한 재판제도와 변론주의, 그리고 그다지 선하지만은 않은 법률가들, 그리고 마찬가지로 본질상 전적으로 선하지는 않으며 자신의 '사익'을 추구하여 다투는 민사재판의 당사자들」을 놓고, 민사재판에, 그와 상당히 모순적 성격을 가지는 '평등권적',

'공익적' 개입을 확장시키는 것은 분명 쉽지 않은 일이다. 민사재판과 관련된 국민의 '사익'과 '공익', 그리고 변호사의 '사익'적 실존과 '공익'적 지향라는 모순된 가치들을 종합하기 위해서는, 우리가 가진 이상주의적 열정과 현실주의적 냉철이 모두 동원되어 '이상주의적 현실주의', 그리고 '현실주의적 이상주의'의 모습으로 함께 실현되어야 한다.

제3부
기독교 신앙과 민법
우리에게 일용할 양식을 구하는 법

우리에게 일용할 양식을 구하는 법[24]

- 자기사랑의 물권법과 이웃사랑의 채권법 -

1. '우리에게 일용할 양식을 구하는' 법 = 민법

'오늘날 우리에게 일용할 양식을 주시옵고.'(마태 6:11) 예수님이 가르쳐주신 주기도문의 네 번째 기도입니다. 사람들은 태어나서 죽을 때까지 먹고사는 일, 우리에게 일용할 양식을 구하는 일을 하며 살아갑니다. 나를 위해서, 가족을 위해서, 그리고 때로는 남을 위해서.

일용할 양식을 구하기 위해서, 우리는 하늘을 보고 기도만 하는 것이 아니라, 땅에서 내 손과 발로 땀을 흘리고 노동을 해서 돈을 벌어야 합니다. 이것이 나와 가족들이 살아가는 우리들 인생의 대부분 시간과 공간을 차지합니다. 우리 조상 아담이 선악을 알게 하는 나무의 과실을 따먹은 후, 모든 사람은 땅에서 일하고 얼굴에 땀이 흘러야 식물을 먹을 수 있는 운명이 되었기 때문입니다.(창세기 3:17-19)

주기도문의 여섯 기도 중 앞부분 세 기도는 하나님에 관한 기도이고(마태 6:9-10), 주기도문의 뒷부분 세 기도는 우리들 인생에 관한 기도입니다.(마태 6:11-13) 주기도문의 인생기도 중 첫 번째 기도가 '일용할 양식을 위한 기도'라는 것은, 먹고 사는 일이 우리들의 인생과 신앙에 얼마나 중요한 것인지를 보여줍니다.

세상에는 여러 가지 법이 있습니다. 국가와 민주주의와 정치를 묵상하게 하는 '헌법'이 있고, 죄와 벌과 이생의 심판을 다루는 '형법'도 있습니다. 그중에 가장 중요한 법 중의 하나로 '우리에게 일용할 양식을 구하는 법'이 있습니다. 이것은 무엇일까요? 그것은 인류 역사에서 가장 오랜 역사를 가지고 있고, 법조문의 숫자도 가장 많은 '민법'입니다.(1편 민법총칙 184조, 2편 물권법 168조, 3편 채권법 392조, 4·5편 친족·상속법 345조 등 총 1,118조)

'법 없이도 살 사람'이라는 말이 있습니다. 세상에서 극히 드물게 착하고 훌륭한 사람을 일컫는 말이지요. 그러나 현실적으로, 이 세상에 '법 없이 살 수 있는 사람'은 존재하지 않습니다. 세상에 법이 없으면 사람이 살아가는 것 자체가 불가능하게 되기 때문입니다. 헌법이 없으면 모두가 나라 없는 백성, 자유 없는 국민이 되고, 형법이 없으면 세상은 살인과 폭행이 난무하는 무법천지가 되며, 민법이 없으면 사람과 사람이 일용할 양식을 소유하고 주고받으며 살아가는 경제활동이 모두 올스톱하게 됩니다.

2. 창세기와 민법에 공통된, '사람'과 '물건'과 일용할 양식에 관한 '권리'
   - 하나님이 '사람'을 창조하시고, 일용할 양식의 원천인 '땅과 생물'을 주셨다

태초에 하나님은 '사람'을 만드시고, '사람'에게 하나님이 만드신 천지의 모든 '땅과 생물'을 다스리고 식물을 먹을 권리를 주셨습니다.(창 1:27-30) 창세기 1장의 이 창조질서는 사람이 먹고사는 의식주에 필요한 것들을 자연의 땅과 생물들로부터 얻는 기본적인 조건과 원리를 제공하고 있습니다. 즉 '사

람'은 태초에, 하나님의 '말씀'에 의하여, '땅과 생물'로부터 일용할 양식을 구할 '권리'를 얻은 것입니다.

민법은 창세기와 아무 연관이 없을 것 같지요? 아닙니다. 민법은 이 창조질서를 법으로 만들어, 사람이 땅과 생물로부터 일용할 양식을 얻을 수 있는 법적 '권리'로 구체화하였습니다. 민법은 우선 '살아있는 동안 일용할 양식을 구할 권리와 의무의 주체'로 '사람'을 정의하고(민법 제3조), 그 다음으로 일용할 양식을 구하는 대상과 토대인 토지(땅)와 생물(동산)과 열매(과실)를 '물건'이라는 개념으로 정의합니다.(민법 제98조) 이것은 창세기 1장에서 하나님이 먼저 '땅과 생물'을 창조하고 그 뒤에 '사람'을 창조하신 것을, 민법에서는 순서만 바꾸어 먼저 '사람'을 정의(define)하고 그 뒤에 땅과 생물을 '물건'으로 정의하는 형식으로 되어 있습니다.

'사람'과 '물건'만 있으면, 둘 사이의 관계가 무엇인지를 알 수가 없지요. 창세기 1장 27절로 '사람'의 '땅과 생물'에 대한 '권리'가 '창조'된 것처럼, 민법 제2편은 '사람'이 '땅과 생물'의 토지와 물건과 물질을 다스리고 사용할 수 있는 권리인 '물권'을 자세하게 '정의'합니다.(민법 제2편 제185조~제372조) 우리가 일반생활에서 사용하는 소유권, 점유권, 저당권, 전세권 등 여러 가지 권리의 이름들은 모두 민법에 의해서 구체화된 사람들의 물건들에 대한 권리, 즉 '사람'이 일용할 양식을 얻기 위하여 '물질'과 맺는 권리들의 이름입니다.

민법의 '물권' 중 가장 중요한 것은 '소유권'입니다. 소유권의 대상은 '토지'와 '동물'(가축과 어류)과 '식물'(나무와 곡식, 과일과 채소)과 의식주(衣食住)를 제공하는 '옷'과 '밥'과 '집' 등입니다. 「동물(육식)과 식물(채식)과 밥(곡식)에 대한 소유권(食)」은 모든 사람이 매일매일 구해서 섭취해야 하는 진정한 '일용할 양식'이지요. 「입을 옷과 쉴 집」은 누구에게나 꼭 있어야 하는 것이지만, 그에 대한 소유권에는 제한이 있거나 차등이 있습니다. 특히 농업이 시작된 후 '일용할 양식'의 가장 큰 원천이 되어온 '토지'의 소유권에 대해서는 오랜 인류의 역사 속에 수많은 사람들 간에 갈등과 다툼과 성취와 실패가 교차되어 왔습니다.

3. '자기사랑의 물권법'과 '이웃사랑의 채권법'
- '네 자신과 같이 네 이웃을 사랑하는' 법(이중계명과 민법)

가. 자기사랑의 물권법(소유권)

'일용할 양식 그 자체' 즉 곡식과 음식에 대한 소유권은 기본적으로 나와 가족의 생존을 지탱하기 위한 '자기사랑의 기본적 수단'으로서의 성격이 강합니다. '오늘'의 일용할 양식에 대한 소유권은 우리가 오늘 일용할 양식을 섭취해서 먹어버리면 없어지므로, 우리는 또다시 '내일'의 일용할 양식을 구하기 위하여 내일도 모레도 계속 노동을 해야 합니다. 이것이 아담의 선악과 사건 이후 우리가 쉬지 않고 하루하루 노동해서 일용할 양식을 구해야 하는 인간의 영구적인 숙명입니다.

'일용할 양식을 만드는 토대' 즉 곡식과 음식을 생산하는 토지에 대한 소유권은 나와 가족을 위한 '자기사랑의 강화된 수단'으로서의 성격을 가집니다. 비유적으로 말한다면, '우리가 일용할 양식'이 '우리가 월용(月用)할 양식' 정도로 변화한다고 할까요. 매일매일 소비되어 사라지는 음식 그 자체에 대한 소유권이 상대적으로 평등한 성격을 가진다면(세계 제일의 갑부도 하루에 수십 끼를 먹을 수는 없는 일이니), 조금 더 영속적으로 존재하는 토지의 소유권은 상대적으로 차등한 성격을 가지게 됩니다. 칸느 황금종려상과 아카데미 오스카상 트로피의 소유권을 다 포식해 버린 영화 기생충이 정교하게 그려낸 계층 간의 긴장과 복잡한 갈등은 바로 이 '물권법적 자기사랑'의 복합적인 충돌과 연결되어 있습니다.

창세기 1장에서는 하나님께서 최초의 사람인 아담과 이브에게 땅을 다스리고 모든 생물을 다스리며 식물을 다 먹으라고 주셨으니, 최초의 가족으로 세상의 모든 토지와 생물을 다 소유했던 이 부부에게는 '자기사랑의 물권법'에 관해서 다른 사람과 다투고 갈등할 일이 아예 없었습니다. 다만 오직 하나의 물건, 하나님이 사람에게 일용할 양식으로 사용하고 소비할 소유권을 넘겨주지 않으신 식물인 '선악과'를 두고(창세기 2:17), 아담과 이브의 '물권법적 자기사랑'과 하나님이 선을 그어 놓으신 '물권법적 하나님사랑' 간에 치명적인 충돌이 벌어지게 되었지요(창세기 3:6) 그 결과 선(線)을 넘은 인류가 하나님이 소유하신 에덴동산에 대한 거주권(임차권)을 잃고 퇴거명령을 받아 쫓겨나는 인류의 실낙원이 초래되었습니다.(창세기 3:23)

창세기의 서두 부분에서는 '자기사랑의 물권법', 즉 개인과 개인, 가족과 가족 간에 소유권의 갈등이 별로 나타나지 않지만, 창세기 13장에서 아브라함과 조카 롯이 목축할 토지를 나누는 장면에서는 개인적 소유권의 분리와 갈등이 뚜렷하게 시작됩니다. 성경의 기록은 물론 세계 역사에서 더 보편적으로 나타나는 물권법, 즉 소유권의 형태는 개인이나 가족을 단위로 하는 '개인적 소유권'입니다. 사도행전 4장의 초대 예루살렘 교회에서 일부 사람들이 집과 땅을 팔아 유무상통하는 부분에서는 교회가 '공동체적 소유권'을 다소 장려하는 뉘앙스가 느껴지지만(사도행전 4:32-37), 이것만으로 성경이 보편적으로 '집단적 소유권'을 주장한다고 보기는 어렵습니다.

역사적으로 사람들의 물권법적 자기사랑 간에 벌어지는 충돌과 불평등에 대한 반발이나 수정 노력으로서 케인즈주의와 사회민주주의 등 다양한 '사회적, 집단적 소유권' 추구가 있었습니다. 20세기에 70여 년간(1917년-1991년) 시도된 공산주의 체제의 화려한 등장과 허무한 붕괴는, '자기 자신보다 이웃을 더 사랑하는' 이타주의, 또는 '이웃만 사랑하고 자기는 사랑하지 않는' 집단주의적 소유권이, 성악설적인 인간의 본성적 이기주의에 반하여 감당하기도 지탱하기도 어려웠다는 '미션 임파서블(Mission Impossible)'의 역사적 결론을 제시하고 있습니다.

고대 이후 현대까지 인류 역사의 전체적 흐름에서는, 개인적 소유권의 물권법이 압도적으로 보편적입니다. 성경이 강조하는 인간의 죄된 본성과 육신적 욕망의 강력함에 비추어 보더라도, '사람들의 자기사랑을 억제하지 않고 인정하는' 개인적 소유권의 물권법이 좀 더 현실적으로 보입니다. 예수님이 이중계명에서 '너희는 온 마음과 힘을 다하여 하나님을 사랑하고, 네 이웃을 너 자신과 같이 사랑하라.'고 하실 때에, '이웃사랑'의 기준으로 '자기사랑'의 존재도 함께 인정하신 것도 이러한 인간 본성을 감안하신 것으로 보입니다.

문제는 예수님이 이중계명에서 '너 자신만 사랑하라'고 하신 것이 아니고, '너 자신만큼 네 이웃도 사랑하라'고 하셨다는 것입니다.

일용할 양식을 구하는 민법이 '자기사랑의 물권법'만을 강조하고, 인간의 죄성을 강조하는 기독교가 '자기사랑의 욕망'만을 포근하게 감싸 안아주면, 예수님이 우리에게 주신 '이웃을 사랑하라'는 다소 불편하고 항상 부담스러운 대계명은 법률적으로나 신앙적으로나 어디에 가서 어떻게 찾아야 한다는 말인가? 우리의 주관적인 신앙생활을 '자기사랑의 기도'가 압도하는 것처럼, 우리의 객관적인 법률생활도 '자기사랑의 욕망'만 가득하다면, 도대체 법적으로 이웃사랑의 가능성과 실마리는 존재하지 않는다는 말인가?

이 질문에 대해서, 제가 찾은 대답은 '그렇지 않다!'는 것입니다. 가장 이기적이고 인간의 욕망에 충실한 것 같은 민법에는, 의외로, 인간이 '자기만 사랑해서는 자기를 사랑할 수 없다'는 역설적 명제와 '사람이 자기사랑을 실현하기 위해서는, 반드시 이웃사랑의 행위를 실천해야 한다.'는 뜻밖의 인생원리를, 우리의 '주관적인 희망'이 아니라 인간의 '객관적인 현실'로 보여주는 한 묶음의 중요한 법 제도가 있습니다. 그것은 바로 '사람'과 '사람'의 관계, 사람과 사람 사이의 권리(채권)와 의무(채무)를 규율하는 민법의 '채권법'입니다.

나. 이웃사랑의 채권법, 더 정확하게는 '이웃을 사랑하는 방법으로 자기를 사랑하는' 채권법

세상에서 사람들은 '자기의 소유권', 즉 자기가 소유하는 물건만을 소유하고 소비하며 살아가는 것이 불가능합니다. 사람은 우리에게 필요한 '일용할 양식'의 거의 대부분을 다른 사람에게서 제공받아야 하기 때문입니다. 현대 산업사회에 사는 모든 사람은 또한 누구나 타인에게 무엇인가를 팔아야 살 수 있습니다. 다른 사람에게 내가 만든 '물건'을 팔거나, 고객에게 나의 손과 발과 머리로 만드는 '서비스'를 팔거나, 회사와 직장에 나의 생활과 나의 '노동력' 전부를 팔아야 합니다. 타인에게 제공하는 물건과 서비스와 노동의 대가로써 우리는 소득을 얻고, 그 돈으로 나와 가족들이 일용할 양식을 구하며 살아갑니다.

나의 물건과 서비스와 노동을 이웃에게 제공하는 것은(우리가 몰라서 그렇지) 사실은 모두 이웃에게 밥을 해주고, 옷을 지어주고, 집을 지어주고, 병도 고쳐주고, 교육도 해주고, 과일과 채소도 생산해 주고, 머리도 깎아주고, 이동도 시켜주는 '이웃사랑'의 행위이고, 그 대가로 일용할 양식을 구할 돈을 버는 것은 '자기사랑'의 행위입니다. 매매계약, 위임계약, 노동계약 등 사람과 사람의 모든 계약에는 이처럼 '주는 이웃사랑'과 '받는 자기사랑'이 쌍방향 일체로 합체되어 있습니다. 이것을 우리는 민법 제536조의 쌍무계약이라고 부릅니다.

민법 전체의 1/3 정도 분량을 차지하는 '채권법'(민법 제3편 제373조~766조)은, 다양한 '계약'을 통해서 '일용할 양식'을 주고받는 '사람'과 '사람' 사이의 권리(채권)와 의무(채무)를 다루고 있습니다. 민법의 두 기둥인 물권법과 채권법 중, '물권법'이 '사람'과 '물건' 사이의 관계를 다룬다면, '채권법'은 '사람'과 '사람' 사이의 관계를 다룹니다.

독일, 프랑스, 일본에서 한국으로 이어지는 대륙법계의 '채권법'은 영연방과 미국 등 영미법계에서는 '계약법'에 해당하는데, 둘 다 '계약'을 통해서 주고받는 '사람'과 '사람' 사이의 권리(채권)와 의무(채무)를 다루고 있습니다. 성경은 하나님과 사람 사이의 언약(covenant) 관계를 중심으로 움직이는데, 민법은 사람과 사람 사이의 계약(contract) 관계를 중심으로 굴러갑니다. 언약과 계약은 조금만큼 다르고, 거의 비슷한 개념입니다. 언약은 하나님 사랑의 원리이고, 계약은 자기사랑과 이웃사랑의 원리이니, 성경의 언약과 민법의 계약을 잘 종합한다면 예수님이 주신 이중계명을 좀 더 깊이 이해하고 풍부하게 실천하는 길이 열릴 수 있습니다.

　이처럼 민법의 질서는 사람이 소유권, 즉 자기사랑의 추구만으로 살아갈수가 없고, 채권과 채무, 즉 이웃사랑의 교환이 함께 있어야만 살아갈 수가있다는 것을 보여줍니다. 그러나, 계약관계 속에서 자기사랑과 이웃사랑의교환이 항상 평화적이고 공평하게 이루어지는 것은 아닙니다. 일상생활에서 물건을 사는 사람과 파는 사람, 서비스를 하는 사람과 서비스를 받는 사람은 항상 싸우고 다툽니다. 민법의 질서는 항상 사람들의 물권적 자기사랑(욕망)과 채권적 이웃사랑(거래상의 신의성실 원칙) 사이의 긴장 속에 있기 때문입니다. 물건이나 서비스의 계약을 하고 이웃에게 물건이나 서비스를 제공하는 사람은 그 이웃에 대한 정당한 사랑(서비스)과 나와 가족에 대한 정당한 사랑(대가) 간에 지속적으로 갈등을 느끼게 됩니다. 계약관계, 채권관계에서 지나치게 자기의 이익을 추구하면 계약 상대방인 나의 이웃에게 나쁜 물건과엉터리 서비스를 제공해서 이웃을 해치게 됩니다. 그렇다고 거꾸로 계약관계에서 지나치게 이웃을 사랑한다고 상품이나 서비스의 대가를 제대로 받지 않거나 원가(본전)도 손해 보면서 마구 공짜나 헐값에 넘겨주면 나와 내 가족의 생존이 위험에 빠집니다. 둘 다 거래상의 공평에 해당하지 않습니다.내가 이익을 너무 보아도 공평하지 않고 내가 너무 손해를 보아도 공평하지않습니다. 어느 쪽으로든 공정하지 못한 거래는 이웃을 해치거나, 또는 나를해칩니다. 우리는 계약관계에서 자기를 사랑하는 만큼 이웃을 사랑해야 하지만, 또 이웃을 사랑하는 만큼 자기도 사랑해야 합니다.

이 채권법 때문에, 민법은 그냥 '자기사랑의 법'에서 이웃사랑과 자기사랑이 서로 병존하고 협력하며 갈등하는 '자기사랑과 이웃사랑의 상호관계에 관한 법'으로 바뀌게 됩니다. 민법의 '채권법'에는 ① 사람들이 다른 사람과 계약을 체결해서 이웃에게 물건과 서비스를 제공하는 방법으로 '이웃사랑을 실천하는 법'과 ②이웃으로부터 받는 금전적 대가로 자기와 가족의 생계를 도모하는 '이웃사랑을 통하여 자기사랑을 실현하는 법'이 함께 들어있습니다. 결국 사람들은 의식하지 못한 채 민법 채권법의 '계약의 체결과 이행'이라는 일상생활을 통해서, "나를 사랑하기 위한 행위가 곧바로 이웃을 사랑하는 행위가 되고 이웃을 사랑하는 행위가 그대로 나를 사랑하는 행위가 되는" 법률적 마술을 거쳐서, '내 몸과 같이 이웃을 사랑하는' 예수님의 이중계명을 매일매일 실천하고 있는 것입니다.

다. 모든 '직업' 속에 들어있는 '자기사랑'과 '이웃사랑'의 이중성 [25]

민법 속에 들어있는 자기사랑과 이웃사랑의 원리를 우리들의 직업생활에 적용해 봅니다. 세상의 모든 직업에는 이중대계명의 내용인 하나님 사랑과 자기사랑과 이웃사랑을 위한 중요한 기능과 역할들이 들어있습니다. 상품의 생산과 유통업에는 하나님이 만드신 사람들의 의식주를 제공해서 나의 생존(자기사랑)과 이웃의 생존(이웃사랑)을 모두 가능하게 해주는 역할이 있고, 운송과 의료업 등 모든 서비스 업종은 타인을 도와주는 서비스를 하고(이웃사랑), 그 서비스의 대가로 나를 먹여 살리는(자기사랑), 자기사랑(목적)과 이웃사랑(수단)의 종합체입니다. 서비스업 종사자가 자기만 사랑하면 서비스가

엉망이 되고, 서비스 종사자가 이웃만 사랑하면 먹고 살 수가 없게 됩니다. 정치는 집단적 자기사랑들이 집단적인 이웃사랑의 요구와 갈등하고 험악하게 부딪치며 서로 조정을 하는 과정이고, 교육은 한 세대의 삶이 다음 세대의 삶으로 이어지는 과정을 담당하면서, 그 주체인 교사와 학생과 학부모들이 자기사랑의 강력한 초조함과 이웃사랑의 빈약한 당위 사이에서 몸부림치면서 갈등하는 장입니다.

한 가지 명제는 이처럼 모든 직업이 자기사랑과 함께 이웃사랑의 요소를 가지고 있다는 것이지만, 다른 한 가지 명제는 어느 직업이라도 100% 거룩한 '이웃사랑의 장'으로만 될 수 있다는 생각은 대체로 환상이라는 것입니다. 대부분의 직업은 자기사랑이 1차적인 동기이고(소득과 생계), 그 자기사랑을 실현하기 위한 필연적인 수단으로 이웃사랑이 결합되거나(예: 서비스업), 자기사랑의 폭주를 막기 위해서 이웃사랑이 견제를 하거나(예: 상거래질서 및 법제도), 집단적 자기사랑들이 서로 이웃사랑의 이름을 혼합하여 밀고 밀립니다.(예: 정치적 경쟁 및 경제제도) 그러니 각종 직업과 인간 활동을 긍정적인 선(善)으로만 보는 것도 오해이고 부정적인 이기주의로만 보는 것도 오해라고 할 수 있습니다. 자기사랑의 폭주를 제한하기 위해서는 자기사랑 속의 악을 알아야 하고, 이웃사랑을 확장하기 위해서는 이웃사랑의 한계를 알아야 합니다.

제4부

기독교 신앙과 형사재판

죄와 벌-세상의 법정과 하나님의 법정

'죄(罪)'와 '벌(罰)', 세상 법정과 하나님의 법정[26]
-믿음으로 따져보는 형사재판-

1. 질의의 요지 – '세상 법정의 죄와 심판'과 '하나님 법정의 죄와 심판' 은 얼마나 다르고 얼마나 같은가

참 어려운 주제입니다. 하지만 '인간의 죄와 벌, 심판과 용서'를 주제로 하는 기독교의 핵심 원리와, 마찬가지로 '인간의 죄와 벌, 심판과 용서'를 내용으로 하는 현실세계의 형사사법은 기본적으로 한글 문언(文言)상으로는 동일한 대상을 다루고 있습니다. 따라서 진지한 크리스천 법률가로서, 우리가 믿음과 형사재판과의 관계를 다루지 않고 넘어가는 것은 명백히 믿음의 태만이라고 생각됩니다.

이 주제를 다루는 데에 있어서 하나의 커다란 어려움은, 기독교에서 말하는 '죄와 벌, 심판과 용서'와 세상 법정에서 다루는 '죄와 벌, 심판과 용서'를, 우리가 전혀 다른 개념 및 내용으로 배우고 이해하고 있다는 점에 있습니다. 통상 우리는 기독교의 죄(sin)는 종교적인 죄로서 영혼의 죄를, 세상의 사법적 죄(crime)는 사회적인 죄로서 영적 의미는 없는 육신의 죄를 의미하는 것처럼 구분하여 배웠습니다. 이래서 세상의 법정에서 죄인으로서 기소되거나 처벌받지 않는 '비(非) 죄인'들이 하나님 앞에서 '나는 죄인입니다'라는 고백을 상호모순 없이 진술하는 것이 가능해졌습니다.

안 믿는 사람이 믿는 사람들의 '죄인' 주장에 거부감을 갖는 것도 이 지점입니다. '나는 (사법적) 죄를 저지른 것이 없는데 왜 내가 죄인이냐'는 비신자들의 항변은 상식적인 차원에서는 정당한 항변이라고 볼 수 있습니다. 믿는 사람들 또한 현실적인 의미에서 '당신 죄를 지었지?'하고 추궁한다면 절대로 죄를 지은 사실이 없다고 결사적으로 자신을 방어할 것입니다. 믿는 사람들이 매주 주일 예배에서 '나는 죄인입니다'라고 자백하고 회개하는 것은, 일반적으로 그 죄가 '현실적으로 세상에서 처벌을 받는 죄'가 아니라는 것을 기본 전제로 합니다. 그래서 '현실적으로는 죄인이 아니면서, 신앙적으로는 죄인'이라는 것을 양립시키기 위해서 여러 가지 논리들이 동원되는데, 이것이 도리어 세상 법정에서의 죄와 벌에 대해서 신앙적으로 접근하는 것을 어렵게 하는 요소들이 되었습니다.

문제는 그렇다면 '하나님의 관점에서의 죄와 벌'은 '세상 법정에서의 죄와 벌'과 아무 관계가 없느냐는 것입니다. 그렇지는 않을 것 같은데 둘 사이에 정확히 어떤 관계가 있는지 모호해서 조금 답답합니다.

생각건대 '하나님의 형사법정'과 우리가 일하는 '세상의 형사법정'을 정확히 비교분석해야만, "(i) 우리가 법률가로서 수행하는 세상의 형사재판이 가지는 '믿음의 실천으로서의 의미'를 알 수 있고, (ii) 우리가 무슨 원리로 형사재판에 임하며, (iii) 그 과정에서 어떤 위험을 경계하면서 일을 해야 할 것인지"가 규명될 것입니다. 이에 이 글에서는 질의사항과 그에 대한 검토의견을 기술해 나가는 법률자문 의견서의 형식을 빌어서 '죄와 벌, 심판과 용서'라는 주제로, '형사재판을 믿음으로 속속들이 따져보는 것'을 목표로, 아래의 질문들을 순서대로 하나하나씩 검토해 보고자 합니다.

① 죄 : '세상의 사법적 죄'와 '신앙적 죄'의 비교분석

② 벌과 심판 : '세상의 사법적 벌/심판'과 '하나님의 벌/심판'의 비교분석

③ 용서 : '세상의 사법적 용서'와 '하나님의 용서'의 비교분석

④ 관계 : '세상의 심판'과 '하나님의 심판'의 관계(도입)

⑤ 충격 : '세상의 심판이 주는 충격'과 '하나님의 심판이 주는 충격'(본론 I)

⑥ 차이 : '세속적 형사재판 원리'와 '믿음으로 뜯어보는 형사재판 원리'(본론 II)

⑦ 위험 : 형사재판으로 인한 '소자의 영혼의 실족'(각론)

⑧ 처방 : 법률가의 계명(결론)

2. 검토 의견 – 세상의 '죄와 벌' vs. 하나님의 '죄와 벌'

가. 죄 : 세상의 사법적 죄 vs. 신앙적 죄

우선 '죄의 대상'에 있어서 ① 세상의 사법적 죄는 '다른 사람이나 사회적 가치'를 죄의 대상으로 하는데 비하여 ② 신앙적 죄는 '하나님'과 '하나님의 말씀'을 죄의 대상으로 합니다.

다음으로 '죄의 강도나 범위'에 있어서 ① 세상의 사법적 죄는 '행위(行爲)'만을 대상으로 하고, 도덕적 흠결이 있는 행위 중 법익침해의 정도가 심한 것들을 추려내어서 법적 처벌의 대상을 최소한으로 줄인 '최협의(最狹義)'의 죄입니다. 이에 비하여 신앙적 죄는 '행위'뿐만 아니라 '마음의 나쁜 생각'까지 범위를 넓히고, 사법적 처벌대상이 되는 행위뿐만 아니라 사법적 처벌을 받지 않는 경미한 도덕적 위반행위까지도 포함하는 '최광의(最廣義)'의 죄라

는 차이가 있습니다. 즉 신앙적 죄는 세상의 사법적 죄보다 범위는 더 넓고 강도는 더 약한 것까지 포함합니다.

나. '벌(罰)'과 '심판(審判)' : 세상의 사법적 벌/심판 vs. 하나님의 벌/심판

죄에 대한 '벌', 즉 '심판'의 근거와 방법에 대해서 살펴보겠습니다. '벌'과 '심판'은 거의 비슷한 말로 똑같은 것인지 조금 다른 것인지 정확히는 구분이 잘 가지 않습니다. 하지만 이 글에서는 편의상 앞부분에서는 '벌'은 죄에 대한 처벌규정을(형법처럼), '심판'은 그 벌이 내려지는 구체적인 방법과 절차(형사소송법처럼)를 의미하는 것으로 쓰고, 그 뒤로는 필요한 경우 유사한 의미로 혼용하여 쓰고자 합니다.

① 세상의 사법적 죄는 여러 가지 특정 범죄행위, 즉 개인적 법익(신체적 법익, 재산적 법익, 명예적 법익)에 대한 죄, 사회적 법익(거래질서, 사회풍속 등)에 대한 죄, 국가적 법익(내란죄 등)에 대한 죄 등에 대하여 각각 '벌'의 방법(생명형, 신체형, 재산형)과 양(법정형의 한도)이 법에 정해져 있습니다.(죄형법정주의) 그리고 그 벌이 '심판'으로서 구체적으로 진행되고 집행되는 것은 세상의 경찰(수사기관)과 검찰(기소기관)의 수사 및 기소를 통하여, 법원(판결기관)의 재판절차와 판결 선고를 통하여, 그리고 감옥, 즉 교도소(집행기관)의 구금과 집행을 통해서, 우리의 신체, 즉 '육체'를 대상으로 이루어집니다.

여기에 비하여, ② 신앙적 죄, 즉 하나님의 죄는 그 '벌'의 방법과 양이 성경에 기록되어 있고, 그 벌이 판정되고 집행되는 것은 일반적으로 하나님의 '심판'을 통해서 우리의 '영혼'을 핵심적인 대상으로 이루어진다고 설명됩니다. '신앙적 죄와 심판'의 구체적인 내용을 정리해 보면 다음과 같습니다.

우선 「하나님에 대한 불순종 죄」, 즉 십계명 중 제1계명부터 제4계명까지에 해당하는 우상숭배, 형상숭배, 신성모독, 안식일 불준수 죄 등에 대해서는, 구약에서는 아담과 이브의 경우에는 죽음의 운명과 땅의 저주를 선고받고 에덴동산에서 쫓아낸 벌, 노아 시대의 홍수, 소돔과 고모라에 대한 불(火)심판, 이스라엘 민족의 민족적 불순종에 대해서는 하나님이 주신 가나안 땅을 뺏기고 쫓겨나는 벌, 신약에서는 최후의 심판 때에 염소의 줄로 분류되어 예수님으로부터 부인당하고 심판당하는 벌, 상실한 마음대로 그대로 내버려두시는 벌(로마서 2장) 등이 규정되어 있습니다.

다음으로 "이웃을 해치는 죄", 즉 십계명 중 제5계명부터 제10계명에 이르는 부모공경, 살인, 절도, 간통, 거짓 증거, 남의 것을 탐하는 행위 등에 대해서는, 구약의 경우 개인적 차원에서는 율법(Law)에 따라 개별적으로 정해진 사형, 재산형 등의 처벌규정이 있고, 민족적 차원에서는 이웃에 대한 집합적 범죄가 하나님에 대한 집단적 불순종죄와 동일시되어 가나안 땅에서 내쳐지는 처벌규정의 적용을 받는다고 모든 예언서들이 규정하고 있습니다. 심판의 방법은 내면적으로는 '영혼의 타락한 상태대로 내버려두는' '영혼의 심판'(로마서 2장), 다른 민족을 통한 '역사적' 심판(앗시리아의 북이스라엘 침공, 바벨로니아의 남유다 침공), 재림하는 예수님을 통한 '종말론적' 심판 등이 있습니다.

「하나님에 대한 불순종죄」와 「이웃에 대한 죄」의 관계는 논리적으로는 구분될 수도 있지만, 일반적으로 「하나님에 대한 불순종죄」는 「이웃에 대한 죄」를 낳는 원인(原因)으로(원죄), 「이웃에 대한 죄」는 「하나님에 대한 불순종죄」의 징표(徵標)로 되기도 해서(파생죄), 실질적으로는 두 가지가 한 가지로 연결되어 평가되는 경우도 많습니다.

다. 용서(容恕) : 세상의 사법적 용서와 하나님의 용서

세상 법정의 용서는 '죄가 있는데 처벌하지 않는 것'과 '죄가 있는데 처벌을 감경하는 것'의 두 가지가 있습니다. 죄가 있는데 처벌하지 않는 것은 검찰의 기소유예, 법원의 선고유예, 대통령의 사면 등이 있고, 죄가 있는데 처벌을 감경하는 것은 법원의 집행유예, 집행과정의 가석방과 감형 등이 있습니다. 세상 법정의 죄에 대한 벌은 원칙적으로 죄를 지은 자가 벌을 받는 '자기책임의 원칙' 하에 있고 희생 제사나 타인을 통하여 벌을 면하는 대속(代贖), 구속(救贖)의 개념은 우리 형법이나 형사소송법에는 없습니다.

하나님의 심판은 '피 흘림이 없이는 죄 사함이 없느니라(히브리서 9:22)'는 원리에 따라, 원칙적으로는 본인의 피를 요구하지만, 본인의 피를 흘리지 않고 용서하는 방법으로 구약에서는 동물의 피를 통하여 본인의 죄를 용서받는 희생 제사와, 신약에서는 예수님의 십자가 피 흘림을 통하여 모든 사람이 단번에 용서를 받는 대속의 용서가 있습니다.

세상 법정의 심판은 삶 속에서 현실로 대가를 치러야 하고, 쉽게 용서를 받을 수 없으며 남이 대신 받을 수도 없으므로, 매우 엄중하고 무섭습니다. 그런데 하나님의 심판은, 일반적으로 죽은 후 최후의 심판 때 이루어지고, 예수님의 대속을 통해서 남이 대신할 수 있고, 나 자신이 스스로 책임을 지지 않아도 되는 것처럼 느껴져서 오히려, 가볍고 쉬운 느낌도 있습니다. 당연히 하나님의 심판이 세상 법정의 심판보다 더 엄중하고 근본적인 것이어야 할 것이고, 인생의 절망과 참혹한 느낌도 육체의 구속보다 영혼의 위기에서 더 강하게 나타나는 것은 분명합니다. 하지만, 우리가 실제로 살아가는 일상적 신앙생활 현실의 체감온도 상으로는 세상의 심판이 더 무섭고, 하나님의 심판은 거저 용서받아 면할 수 있으니 조금 쉬운 것 같은 느낌을 금할 수 없습니다.

라. 관계 : '세상의 심판'과 '하나님의 심판'과의 관계(도입)

(1) 문제제기의 이유 - 우리의 재판업무가 도대체 믿음 속에서 무슨 의미를 가지는가

여기에서 우리가 오늘의 주제, 즉 '죄와 벌'에 대해서 한 가지 정확하게 따져보고 넘어갈 내용이 있습니다. 우리가 종사하는 세상의 사법적 심판과 하나님의 심판은 어떤 관계에 있는가 하는 문제입니다.

이것을 우리들의 문제로 제기하는 것은, 구체적으로 법정에서 우리 법률가들이 '판사-검사-변호사'로 삼정립(三鼎立)하여 진행하는 세상의 형사적 심판이 ① 하나님의 심판과 관계가 있는지 없는지, ② 관계가 있다면 도대체 어떤 관계가 있는지를 알아야, 1) 우리가 크리스천 법률가로서 우리의 생업으로 형사재판을 하는 것이 어떤 의미가 있는지, 2) 그리고 우리가 어떤 생각과 태도로 현실의 형사재판 업무에 임해야 하는지를 정확히 파악할 수가 있기 때문입니다. 이하 우리 속에 실제로 존재하는 몇 가지의 다른 견해들을 유형화하여 검토해 보겠습니다.

(2) 무관계(無關系)설 – 절대적 세속주의

만일 세상의 심판이 하나님의 심판과 관계가 없는 별개 독립의 것이라면? 우리는 별 고민할 것 없이 법정 외부에서 교회와 가정과 일상에서만 신앙생활을 잘 하면 되고, 형사법정에서 굳이 하나님의 뜻을 따져볼 필요가 없이, 헌법이 정한 대로 세속적(secular) 법률적 양심에 따라 형법과 형사소송법 이론에 따라 성실하게 판결하고 변론하고 기소하기만 하면 될 것입니다. 언뜻 보아 우리가 열심히 공부하고 실무에 적용하고 있는 형법과 형사소송법은 매우 합리적인 체계와 내용을 가지고 있고, 수십 만 수백 만 건의 재판을 통해서 형성된 판례법은 인간의 합리적인 판단력의 축적을 보여주고 있어서, 굳이 여기에 믿음이 어쩌고 저쩌고 하는 논의를 가져다 붙이는 것이 번잡하다는 생각도 충분히 들 만 합니다.

그렇게 되면 크리스천 법률가의 형사재판에 임하는 태도는 일반적, 세속적으로 '좋은 법률가가 되어, 좋은 기소와 좋은 변론과 좋은 재판을 하는 것'이면 충분합니다. 이 경우 여러 가지가 심플하고 쉬워지고 우리는 머리도 복잡하게 쓸 필요도 없고 신간(身幹)이 편해지지만, '우리가 믿는다는 것'도 마치 속이 텅 빈 강정처럼 전혀 아무 의미가 없는 것이 되어 버릴 것입니다.

'믿으나, 안 믿으나' 실질적인 면에서는 아무 차이를 내지 않는 기독교라면, 우리는 무엇을 위해서 그렇게 기를 쓰고 신앙생활을 하는 것인지? 그저 개인적인 내면의 구원과 영혼의 평안과 갈등하는 감정의 평안함을 구하는 것 이외에는, 세상의 학문과 실무가 치열하게 획득한 합리성 이상으로 아무 다른 점이나 효력도 못 가지는 것이 우리 기독교라면 도대체 우리는 무엇 하러 그토록 많은 열과 성과 애정을 이 믿음에 투여하는 것인지? 이런 질문을 저절로 던져보게 됩니다.

(3) 유관계(有關系)/무(無)갈등설 – 로마서 13장의 절대화

세상의 심판이 하나님의 심판과 관계가 있다면(아마도 이것이 정답이겠지만), 둘 사이가 '어떤 관계'인지를 정확히 규명하는 것이 중요합니다.

바울이 로마서 13장에서 세상의 권세와 형벌권이 하나님의 권세로부터 '칼'을 위임받은 것으로 설명한 것을 절대시할 경우에는 '세상의 심판=하나님의 심판' 내지 '세상의 심판⊂하나님의 심판'이 되어 세상의 형사사법, 검찰의 기소와 법원의 판결이 모두 그대로 거룩하고 온전한 것이 될 것입니다. 이 경우에도 우리 법률가들은 신앙적인 질문을 던질 것 없이 그냥 하던 일만 그대로 묵묵히 하면 됩니다.

유관계/무갈등설과 무관계설은 논리적 근거는 다르지만 실천적인 결론은 거의 비슷합니다. 무관계설은 '하나님의 심판'을 무시하고 '세상의 심판을 절대적으로 존경'하지만, 유관계/무갈등설은 '하나님의 심판'과 로마서 13장을 근거로 '세상의 심판을 절대적으로 존경'합니다. 이러면 우리의 재판제도는 그저 선(善)한 것이고, 우리가 법정 안팎에서 하는 일도 마냥 선한 것이고, 우리는 우리의 인생과 생업을 두고 회개할 일이 전혀 없습니다. 그저 집에서 남편이나 마누라나 애한테 화낸 것, 직장에서 주변 사람들과 경쟁하고 미워하고 욕한 것 정도나 일주일에 한 번씩 회개하면 되겠지요. 그러나 과연 이래도 될까요?

우리가 알다시피 우리가 믿는 하나님은 이 세상과 그 속에 있는 것들을 그렇게 예쁘게만 보지를 않으십니다. 오히려 우리에게 이 세상과 그 속에 있는 모든 것을 사랑하지 말라고 하셨습니다.[27] 그러니까 하나님 눈에 이 세상에 있는 재판제도와 그 속에 있는 우리들이 그냥 예쁘고 마음에 들리는 없습니다. 무엇보다도 이 땅에 오신 하나님인 예수님은 이 땅의 형사 사법절차, 로마의 세속적 형사 사법절차와 유대의 종교적 형사 사법절차에 따라서 기소되고 사형선고를 받고 사형의 집행을 받았습니다. '무죄한 하나님을 죄인으로 선고하고 죽음에 처하게 만든' 인간의 '악(惡) 중의 악(惡)'은 바로 우리가 봉사하는 인간의 형사 사법제도와 우리 업종의 선배들인 '예수 재판'의 재판관들에 의해서 저질러졌습니다. 그러니까 예수를 죽인 것은 바로 2천 년 전의 우리 법조인들인 셈입니다.

2천 년 전 빌라도의 형사법정에 비하여 2천 년 후 지금의 형사법정은 훨씬 현대화되고 발전되었으므로, 이제는 우리 손에 의해서 '예수 재판'이 재현되지 않을 것이라고 반론하고 싶지만, 절차적으로는 2천 년 전 빌라도의 법정도 '로마의 법'에 따라 변론과 재판의 최소한도의 틀은 갖추고 있었을 것이어서, 오늘의 재판과 '본질적인 차이'는 나지 않을 것입니다. 복음서에서 보듯이 '빌라도 판사'는 예수님에게 죄가 없다고 느끼고 멈칫멈칫거렸지만 결국에는 예수에게 사형의 유죄판결을 한 악당 중의 악당이 되었습니다. '예수 재판'을 한 것은 인간의 악성이고, 그 악성은 오늘의 우리들 법률가들 중에서 가장 착하고 아주 선량하고 무척 지혜롭고 훌륭한 사람들 속에서도 오늘 계속 살아 숨 쉬고 있습니다. 바울서신 중의 로마서 13장만을 믿고 우리의 법 집행과 기소와 판결과 변론의 정당성을 만만하고 편안하게 생각하는 것은 착각이고 오해이고 교만이며, 마치 '마비된 발바닥'으로 날 선 칼날 위를 걷는 듯 위험한 일입니다. 우리는 로마서 13장의 말씀처럼, 하나님의 일반은총에 따라 세상을 평안하고 평화롭게 하기 위하여 하나님의 칼을 위임받은 선한 역할을 하기도 하지만, 마음을 풀고 놓으면 언제든지 하나님께 받은 칼을 예수와 무고한 이들에 대해서 휘두르는 '예수 재판'을 재현할 수 있는 죄성을 가졌다는 긴장을 항상 놓쳐서는 안 됩니다.

(4) 유관계(有關系)/전(全)갈등설

이와 반대로, 「세상의 사법적 심판은 하나님의 심판과 공의를 전혀 제대로 반영하지 못하고 유전무죄, 무전유죄로 악을 행하는 것이며, 법조계와 법정은 공중의 권세 잡은 사탄에 의해 전일적인 지배를 당하는 악의 세계라는 시각」이 있을 수 있습니다. 특히 법조계 바깥에 있는 사람들에게는 이런 시각이 강하게 들 수 있고, 여기에는 상당한 근거도 있습니다. 법조계 소속의 사람들이 그동안 집단적으로 보여 온 사회적 기득권과 사회적 오만함, 변호사들이 보여 온 물욕과 불성실함, 일부 검사들이 보여 온 가혹함과 권력에의 비굴함, 일부 법관들이 보여 온 법정에서의 우월감과 미묘한 오판 등 수많은 에피소드들이 사회 사람들의 '법조계에 대한 비판과 비난과 욕'의 충분한 경험적 근거가 됩니다. 그리고 우리 법조계 종사자들은 여기에 변명을 할 수는 있지만 완전히 자유롭고 떳떳하지는 못합니다.

그러나 저 또한 법조계 안에서 실제로 형사재판 업무에 종사하는 실무가로서, 형사재판제도 전체가 악하고 사탄의 권세에 지배당하고 있다는 견해에는 100퍼센트 동의하기 어렵고, 실제로도 그렇지는 않습니다. 만일 진정 그렇다면 우리는 변호사나 판사나 검사 직업을 지금 곧바로 때려치우고 사회정의나 신앙적 투쟁의 길로 나서야 하지, 절대 여기 그대로 앉아서 더 죄를 지으면 안 됩니다.

유관계/전(全)갈등설은 세상의 악함과 인간의 악성 속에서도 하나님의 일반은총이 작동한다는 사실을 이해 못 한 소치입니다. 앞서 로마서 13장을 절대시하여 세상의 형사재판제도에 문제가 전혀 없는 것처럼 생각하는 것도 큰 잘못이지만, 이 땅의 형사재판, 세상의 사법적 심판에는 로마서 13장의 언급처럼 '세상의 악을 심판하고 성도들의 삶을 평안하게 유지하기 위하여 하나님의 칼을 일부 위임받은' 일반은총적인 성격이 분명히 존재하기 때문입니다. 실제로도 형사재판의 상당수는 피해자를 위한 응보와 죄에 대한 벌의 배급에 있어서 합당한 결과를 내고 있기도 합니다.

(5) 유관계/긴장(緊張)설

그렇다면 이 문제에 대한 일응의 정답(rebuttable answer)은, ① '세상의 사법적 심판'은 '하나님의 심판권(칼)의 일부를 위임'받은 것으로서 하나님의 거룩한 일반은총을 반영하고 세상의 평화와 안전을 도모하는 선한 기능도 갖지만('유관계'), ② 1) 당초 하나님을 불순종하고 선과 악을 아는 나무의 과실을 따먹은 인간의 원죄로 말미암아 만들어진 '인간(죄인)의 법정'이라는 근본적인 '한계(限界)'와, 2) 그 인간의 법정에서 이 땅에 내려온 무고한 하나님이신 예수를 기소하고 유죄판결을 내려 사형선고를 하고 선악나무의 재현인 십자가 나무에 매달아 죽인 치명적인 '전과(前科)'와, 3) 언제든지 '예수 재판'의 불의를 재생시킬 수 있는 '상습성(常習性)'을 가지고 있는 악한 성질이, 서로 경쟁하고 갈등하는 치열한 긴장관계에 있다는 명제가 결합된 '유관계/긴장설'이 될 것입니다.

자, 이 정도는 착하고 진지한 크리스천 법률가라면 누구든지 공감하고 동의할 결론이 될 것입니다. 그러니까 「'우리의 악성과 죄성을 충분히 생각하고 삼가면서' 최대한 양심적이고 선한 기소와 재판을 하기 위해서 노력하고, 재판의 일반은총적 기능도 더 갈고닦아 '겸손하고 좋은 법률가'가 되는 것」이 무난하고 부드러운 답으로 도출됩니다.

그런데 여기에서 또다시 총론적 답이 가지는 애매모호함과 한계가 그대로 나타납니다. 문제는 「위에서 답으로 제시된 '우리의 악성과 죄성을 충분히 생각하고 삼가면서'라는 것이 구체적으로는 도대체 무엇을 얘기하는 것이냐?」는 것입니다.

(6) 도전 : 도대체 '긴장의 내용'은 무엇인가?

도전해 봅니다. 「유관계/긴장설에서 제시하는 '하나님 앞에서 겸손한 재판'이라고 하는 답」이, 「무관계설에서 말하는 '법률적 양심에 따른 재판'」이나, 「유관계/무갈등설에서 말하는 '하나님의 칼을 위임받은 선량한 관리자로서의 재판'」과 나아가 「안 믿는 성실한 법조인들이 추구하는 '진지하고 성실한 양심적인 재판'」과 구체적으로 어떤 차이가 있습니까?

이렇게 물어보면 잘 답이 안 나옵니다. 결국 '하나님 앞에서 겸손한 재판'이라는 총론적 답은 '착하고 성실한 사람이 되자'는 일반적인 당위 이외에는 아무 답도 못 내는 것이 아닌가 의심됩니다. 이렇게 되면 우리는 이것저것 얘기하느라고 시간은 오래 걸렸지만 결국에는 처음의 출발점으로 도돌이표처럼 돌아와 단 한 발자국도 앞으로 내딛지 못한 셈이 됩니다.

우리가 교회에서 많은 말씀을 듣고 성경공부를 하고 매주 회개를 하고 매주 용서를 받지만, 막상 세상에 나와서는 믿지 않는 사람들과 아무런 차이가 나지 않게 사는 것도, 결국 우리의 신앙적 다짐과 회개가 그저 '착하게 살자'는 추상적 총론적 차원에서 그치고, 구체적으로 깊이 파고들어 실질적으로 높이 날며 심층적으로 깊이 들어가고 풍부한 넓이로 나아가 실질적인 능력을 만들어내는 구체적 각론의 차원으로 나아가지 못하기 때문입니다. 수학 문제를 풀다 말면 점수를 받는 것이 아니고 빵점을 받습니다. 우리들은 믿음의 문제도 대충 풀다 말고 다 푼 것처럼 굴지만, 믿음의 문제를 풀다 말면 하나님 앞에서 빵점을 맞게 될 것입니다.

'인간의 형사법정'에서, '하나님의 일반은총'이라는 순기능과 '선악과를 따먹은 죄인들이 서로 심판하고 심판받는 재판'이라는 역기능 간의 긴장이 어떻게 나타나고, 어떻게 발현되며, 어떻게 극복되어야 하는지, 그리고 여기에 우리가 어떤 하나님의 말씀을 무기와 지침으로 적용할 수 있는지를 구체적으로 파악하기 위해서,

다음 항에서는 '인간의 법정에서 이루어지는 벌/심판의 성격 및 충격(임팩트)'과 '하나님의 법정에서 나타나는 벌/심판의 성격 및 충격(임팩트)'에 대해서 비교분석을 하면서, 둘 사이의 긴장이 구체적으로 어떤 것인지 실마리(clue)를 찾아보고자 합니다.

마. 충격 : 세상의 심판이 주는 충격과 하나님의 심판이 주는 충격(본론 I)

(1) 문제제기 - 심판의 임팩트를 따져보는 이유

이 점은 도스토예프스키가 그의 소설 '죄와 벌'에서 깊이 있게 다룬 것이

기도 한데, 도대체 죄에 대한 '벌'이 구체적으로 우리 인간의 삶에 어떤 효과와 어떤 충격을 주는가 하는 점을 따져보고자 합니다. 세상의 사법적 심판이 주는 충격은 어떤 것이고, 하나님의 심판이 주는 충격은 어떤 것이며, 그 둘 간의 차이는 무엇이고 공통점은 무엇인가 하는 점입니다.

하나님의 심판이 인간의 영혼과 육체 모두에 적용되며, 인간의 법정이 주는 심판보다 훨씬 더 깊고 더 강하고 더 높고 더 폭넓다는 것을 우리는 당연히 인정합니다. 그러나 이 논의의 초점은 '인간의 법정에서 이루어지는 심판'을 함께 규명하는 것에 있습니다. 따라서 이하에서는 '하나님의 벌과 심판'의 속성 중 어떤 내용들이 어디까지 '세상의 벌과 심판'에 적용되고 나타나는지를 해명해서, 우리 크리스천 법률가가 그 속에서 하나님의 진정한 손으로 기능할 수 있을지를 모색해 보고자 합니다.

(2) 심판이 충격하는 대상 – '육체'와 '영혼'
① 문제의 제기 :

앞서 도입 시에 짧게 언급한 우리의 신앙적 상식에 의하면, 「신앙적 심판은 영혼의 심판을 다루고, 세상 법정의 심판은 육체의 심판을 다룬다.」고 한 바 있습니다. 이 인식에 의하면 세상 법정의 심판은 신앙적 심판과 교집합이 없고 중첩관계가 없으므로 신앙적으로는 거의 무의미한 일이 됩니다. 과연 이것이 맞는지 한번 따져 보겠습니다.

② 하나님의 심판은 영혼만을 충격하는가? :

결론부터 말한다면, 성경은 신앙적 죄에 대한 하나님의 심판이 영혼만을 다룬다고 한 일이 없고, 육체와 영혼이 모두 심판이 대상이 된다고 합니다. 창세기에서 선악을 알게 하는 나무의 과실을 먹은 인간의 죄에 대한 벌은 '죽는 것'이었습니다. 이 죽음에는 영혼의 죽음(하나님과의 분리)도 포함되지만 당연히 육체적 생명의 죽음이 들어있습니다. 그리고 예수님께서도 마태복음 10장 28절에서 제자들을 파송하실 때 제자들이 향후 세상 임금들에게 끌려가 심문을 받을 것을 예언하시면서 "몸은 죽여도 영혼은 능히 죽이지 못하는 자들을 두려워하지 말고, 오직 몸과 영혼을 능히 지옥에 멸하시는 자를 두려워하라"라고 말씀하셨습니다. 따라서 하나님의 심판의 충격은 영혼뿐만 아니라 몸(육체)에도 타격을 줍니다.

③ 세상 법정의 심판은 육체만을 충격하는가? :

세상의 형사사법이 정한 '죄'에 대하여 세상의 사법절차가 주는 '벌'과 '심판'은 구체적이고 현실적이고 가차가 없어서, 사람에게 실질적이고 확실한 고통을 줍니다. 세상이 주는 벌과 심판은 구체적으로 '몸'을 구속(拘束)하여 신체를 고통에 빠뜨리지만, 또한 인생의 자유를 실제로 구속(拘束)하거나 구속의 가능성을 통하여 그 사람의 인생과 '영혼'도 동시에 고통과 고뇌에 빠뜨릴 수 있는 현실적이고 구체적인 힘이 있습니다. 구체적으로 고소·고발과 수사와 기소와 재판과 판결과 집행이라는 형사 사법절차 속에서 그것을 경험해 본 사람은, 현실적인 형사 사법절차가 주는 인생과 그 영혼에 대한 구속력과 위협을 잘 알 수 있습니다. 일반적으로 사람들은 이른바 양심범이라고 하는 범주의 정치적 확신범을 빼고는 현실적 형사 사법절차에 인입되는 것을 인생에 대한 치명적인 위험으로 느끼고 두려워하게 됩니다. 육체에 대한 타격은 형사재판의 최종 판결 시에 시작되는 것이 아니고 고소·고발 등을 통한 수사의 시작 시점부터 시작되고, 영혼에 대한 타격도 최종적인 유죄판결이 내려졌을 때에만 가해지는 것이 아니고, 형사절차의 시작 시점부터 그 사람의 인생 전체가 일종의 새 덫, 사냥꾼의 올무[28]에 걸린 것으로 느끼기 시작합니다. 따라서 세상 법정의 심판 또한 몸(육체)만 충격하는 것이 아니고 영혼도 충격합니다.

(3) 공통점 - 세상의 심판도 하나님의 심판도 사람의 '영혼'을 충격한다

이와 같이 하나님의 심판은 인간의 육체와 영혼을 모두 충격하고, 세상 법정의 심판도 인간의 육체와 영혼을 모두 충격합니다. 세상의 심판은 이생의 범위에서 육체와 영혼에 적용되고, 하나님의 심판은 이생을 포함하여 내세와 영생을 전부 포함하여 인간의 육체와 영혼에 적용됩니다. 그러면 적어도 이생의 기간 동안에 이루어지는 육체와 영혼의 심판에는 하나님의 심판과 세상 법정의 심판이 오버랩하여 중첩되는 부분이 있습니다.

우리의 초점은 '영혼에 대한 충격'에 있습니다. 마가복음 9장 22절에서 예수님은 "누구든지 나를 믿는 이 소자(小子) 중 하나를 실족케 하면 차라리 연자 맷돌을 그 목에 달리우고 바다에 던지움이 나으리라(개역한글판)"라고 말씀하신 바 있습니다. 살펴건대 이 말씀은 세상 재판을 통한 영혼의 실족 사건도 포함하는 것이고, 우리들 크리스천 법률가의 형사재판 속 역할의 엄중성과 연관이 됩니다.

'역할이 크면 위험도 커집니다.' 이생에서 사람의 운명을 다루는 법률가의 역할에는 사람의 영혼을 다치게 할 위험도 그만큼 큽니다. 나중에 하나님의 법정에서 우리 법률가들은 우리가 행한 일을 설명하고 변명해야 합니다.

세속적 형사이론이 세상의 형사절차에서 사람의 신체적 처벌과 사회질서를 주로 다루고 영혼의 문제를 직접적인 주제로 삼지 않는다면, 신앙적 형사이론은 형사절차에서 사람의 육체에 대한 처벌과 동시에 사람의 영혼에 대한 심판과 고통을 피해자의 측면에서와 가해자의 측면에서 모두 포커스하면서 업무를 처리하여야 합니다.

(4) 차이점(주체) – 세상 법정의 심판은 '죄인(罪人)인 인간'이 한다

하나님의 심판과 세상 법정의 심판은 '충격을 주는 주체'가 다릅니다. 하나님이 심판은 전적으로 의로운 신이 하고, 세상 법정의 심판은 죄인인 사람들이 담당합니다. 하나님의 법정에서 하나님이 행하시는 심판은 육체에 대한 것이든 영혼에 대한 것이든 다 옳습니다.[29] 그러나 세상의 법정에서 인간의 옷을 입은 우리들 법률가들이 행하는 심판은 옳다는 보장이 없습니다.(just and/or unjust) 세상의 법정에도 모세에게 법률과 재판제도를 주신 하나님의 일반은총과 수십 세기 동안의 진지한 노력으로 발전시킨 합리적이고 정밀한 재판제도와 원칙들이 있지만, "근본적으로 재판제도를 담당하는 우리들이 인간의 한계와 악성을 지닌 죄인이라는 점"이 가장 큰 차이입니다.

이 세상의 형사재판은 '죄인들이 죄인을 재판'하고, '죄인들이 죄인을 변호'하는 것입니다. 인간의 본질을 죄인이라고 생각하지 않는 세속적(secular) 관점은 법관과 검찰과 변호사(?)를 제도적 '기능적 의인'으로 간주합니다. 그러나 인간의 본질을 죄인이라고 생각하는 기독교적 관점은 법관과 검찰과 변호사도 '기능적 죄인'으로 생각합니다.

그러니까 우리의 형사재판에서는 피고인의 죄도 다루어져야 하지만 그 것을 다루는 법률가의 죄성(罪를 지으려는 성질)과 죄(실제로 짓는 죄)도 함께 다루어져야 합니다. 이 점이 믿지 않는 법률가와 믿는 법률가가 가지게 될 가장 근본적인 관점의 차이가 아닐까 합니다. 즉 크리스천 법률가는 형사재판에 임할 때, 자신도 '죄인'이라는 정체성을 가지고 임하여야 하고, 자신이 온전히 '착하고 의로운 법률가'라는 정체성으로 임해서는 안된다는 점이, 세속적 형사이론이나 관점과 차이가 나는 점입니다.

(5) 소결 - 충격의 대상과 충격의 주체

이상의 논의에서, 우리는 하나님의 심판과 세상 법정의 심판이 주는 '충격'을 비교분석하면서, ① 충격의 대상이라는 측면에서 세상 법정의 심판도 하나님의 심판과 같이 영혼을 충격한다는 것을 주목하였고, ② 충격을 가하는 주체의 측면에서 세상 법정의 심판은 하나님의 심판과 달리 '죄인인 인간'이 담당한다는 점에 주목하였습니다.

이하 "법률가의 죄성"과 "당사자(피고인과 피해자)의 영혼"이라는 두 가지 요소를 가지고, '믿음으로 뜯어보는 형사재판'에 관한 검토를 조금 더 진행해 보겠습니다. 한 가지 요소는 세속적 관점의 형사재판 원리와 신앙적 관점의 형사재판 원리의 차이점을 따져보는 것이고, 다른 한 가지 요소는 구체적인 형사절차에서 '유/무죄'와 관련된 영혼의 문제, 법률가의 업무와 관련된 '영혼'의 문제를 다루어보는 것입니다.

바. 차이: 세속적 형사재판원리와 믿음으로 뜯어보는 형사재판원리(본

론 II)

(1) 피의자/피고인의 영혼의 문제

논의의 편의를 위하여 다소 도식적으로 단순화하여 정리해 보겠습니다. 비록 아래의 논의에서는 다소 부정적으로 표현한다고 하더라도, 우리가 배운 형법과 형사소송법과 재판실무가 전반적으로는 현실적이고 실용적이고 실증적이고 공리적인 입장에서는 매우 진지하고 치열하게 진행되고 있다는 점을 인정하는 것을 전제로 합니다.

세속적 형사재판원리는 형사절차에서 심판이 주는 타격의 대상을 '인간의 신체적 자유'로 보고 '인간의 영혼'에는 큰 관심이 없습니다. 그러나 신앙적 형사재판원리는 형사절차에서 심판이 주는 타격의 대상을 '인간의 신체적 자유'뿐만 아니라, '인간의 영혼'까지 포함하는 것으로 봅니다. 그래서 세속적 원리는 형사재판의 실체적 최종 결과(확정판결)에 좀 더 초점을 두고 그 과정에서의 굴곡에 대해서는 다소 관대하다고 한다면, 신앙적 원리는 형사재판의 시작부터 끝까지 절차적인 전 과정이 인간의 영혼에 어떤 영향을 주는지에 좀 더 초점을 두고 형사절차의 과정에서 이루어지는 굴곡에 대해서 보다 엄격해집니다. 세속적 원리는 현실적으로 발생하는 소수의 무죄 사건이나 오심 사건에 대해서 '불행하지만 불가피하다'는 인식과 제도적으로 보완하려는 접근방법을 갖지만, 신앙적 원리는 현실적으로 발생하는 소수의 무죄 사건이나 오심 사건이 당사자의 영혼을 실족시키는 치명적인 효과를 심각하게 생각하며, 검찰의 오(誤)기소와 법원의 오심(誤審)과 변호사의 오(誤)변론이 발생하지 않도록 하는 데에 더 심각한 노력을 요구합니다.

우리가 배운 형법과 형사소송법의 세속적 이론은, 인간의 합리적인 이성에 기초해서 '사회질서의 유지'를 중심 목적으로 두고, 자유형으로 '인간의 신체를 제어하고'(이념상) 교정형(矯正刑)으로 죄인의 이성을 교화하려고 합니다. 즉 인간의 법정에 대한 세속 이론은 인간의 '육체'를 벌하고(가능하면) 이를 통해서 그 이성을 깨우려고 합니다. 그러나 교정형으로 인간의 이성이 잘 교정되지 않는다는 것은 우리가 익히 알고 있는 바이고, 다만 육체의 벌에 대한 두려움이 죄를 예방하는 측면에서 이성의 작용을 일깨우는 점은 인정할 수 있습니다. 그러니까 세상 법정의 심판은 근본적으로 '인간의 육체'에 포커스하는 것으로 보입니다. 인간의 육체와 육체들 간의 다툼을 정돈하기 위한 세속적 형사이론은 실용적이고 공리적(公利的)인 합리성을 갖지만, '인간의 영혼에 대한 관심'이 약해지면 기능적이고 분절적(分節的)으로 흘러갈 위험이 있습니다.

(2) 법관/검사/변호사도 죄인이라는 문제

이 문제도 도식적으로 단순화해 봅니다. 세속적 원리는 법률가(법관/검찰/변호사, 특히 법관과 검사)의 판단능력의 객관적 한계와 오심 가능성은 인정하지만 기소와 재판과 변론 과정에서 '나쁜 짓'을 할 정도의 악당으로는 생각하지 않습니다.

그러나 신앙적 원리는 법률가(법관/검찰/변호사, 특히 법관과 검사)의 판단능력의 객관적 한계뿐만 아니라, 경우에 따라서는 개인적 욕망으로 인하여 고의적으로, 또는 형사절차에 대한 책임감의 결여로 인하여 고의 내지 중과실로 판단을 그르치고 무책임한 판단을 할 수 있는 '죄인' 중의 한 사람으로 봅니다.

세속적 원리는 오기소나 오심과 오변론을 현실적으로 불가피한 과실로 보아 쉽사리 용서하려고 하지만, 신앙적 원리는 오기소나 오심과 오변론을 '한 소자(小子)의 영혼을 실족시키는 행위'로 보아 잘 용서하지 않으려고 합니다.

(3) 실질적인 차이

세속적 원리의 형사재판과 신앙적 원리의 형사재판 간에 실질적 차이는 미세하거나 별로 없거나 오히려 역방향의 차이를 냅니다. 즉 피고인의 신체적 자유와 인격을 존중하는 성실한 비기독교인 법률가와 성실한 크리스천 법률가 사이에는 별 차이가 없고, 성실한 비기독교인 법률가는 게으르게 대충 재판을 하는 크리스천 법률가보다 더 양심적으로 올바른 재판을 하는 경우도 많습니다.

이렇게 차이가 나지 않는 이유는 ① 일반적으로. 기독교의 가르침이 믿는 사람의 실질적인 삶을 차별화할 만큼의 능력이 없거나 결여되어 있다는 점과 ② 구체적으로는, '믿음의 원리로 하는 형사재판'에 관한 구체적인 관점과 신앙이론이 정립되어 있지도 않고 제시된 적도 없고 우리가 배운 적도 없다는 것입니다.

믿음의 능력이 일어나기 위해서는, 말씀의 능력에 의지하여야 합니다. 그저 '차카게 살자', '착하게 재판하자'가 아니라, 「우리 법률가들의 혼과 영과 관절과 골수를 찔러 쪼개기까지 하며 또 마음의 생각과 뜻을 감찰하여 지으신 것이 하나라도 그 앞에 나타나지 않음이 없고 우리가 하나님의 눈앞에 벌

거벗은 것 같이 드러나게 하는」하나님의 말씀, 「살았고 운동력이 있어 좌우에 날선 어떤 검보다 예리한」하나님의 말씀을 우리는 찾아야 합니다.(히브리서 4:12-13 개역한글판)

과연 그런 하나님의 말씀이 있을지 없을지 찾아보기 전에, 우선 그 전 단계로서 형사재판을 통해서 발생하는 영혼의 위험과 우리의 죄, '형사재판으로 인한 소자의(영혼의) 실족'이 어떤 양상으로 나타나는지를 살펴보겠습니다.

사. 위험 : 형사재판으로 인한 '소자(小子)의 영혼의 실족(失足)'(각론)

(1) 소자를 실족시키는 죄

마가복음 9상 42절에서 예수님은 "누구든지 나를 믿는 이 소자 중 하나를 실족케 하면 차라리 연자 맷돌을 그 목에 달리우고 바다에 던지움이 나으리라(개역한글판)"고 경고하셨습니다. 결코 만만한 경고가 아닙니다. 여기에서 소자, 즉 다른 사람을 실족시키는 행위는 예수님을 믿지 못하게 하는 행위, 하나님을 대항하게 하는 행위, 사람의 영혼을 절망에 빠뜨리는 행위 등이 포함될 것입니다. 이하에서는 피의자/피고인이 유죄인 경우와 무죄인 경우로 나누어, 각각의 경우 피의자/피고인의 영혼과 피해자의 영혼이 어떻게 실족케 되는지를 간단히 살펴보겠습니다.

(2) 유죄 사건

일반적으로 형사사건 중 가장 많은 폭행죄, 상해죄, '폭행행위 등 처벌에 관한 법률'위반죄 사건처럼 '신체적 법익'에 관한 죄명의 경우에는 상대적으로 유죄의 비율이 매우 높습니다. 사실관계나 증거에 있어서 피의자/피고인이 유죄인 것이(거의) 명백한 사건의 경우에는, '피고인'의 영혼이 겪는 위기보다 '피해자'의 영혼이 겪는 위기가 조금 더 주목이 됩니다. 타인의 신체나 정조에 위해를 가한 피의자/피고인은 응당한 처벌을 받는 것이 정당하고 피해자의 고통도 경감할 수 있으며, 피의자/피고인 본인의 영혼을 위해서도 좋습니다. 만일 명백한 유죄의 피의자/피고인이 처벌을 받지 않고 넘어간다면 그것이 오히려 피의자/피고인이 영혼을 더 심각한 죄악의 늪에 빠뜨릴 수 있고, 자신의 피해를 신원 받지 못하고 오히려 가해자의 조롱을 받게 된 피해자의 영혼에는 심각한 타격을 주게 됩니다. 주로 개인적 폭력, 집단적 폭력, 권력에 의한 폭력 등은 모두 이 범주에 속합니다. 예컨대 우리나라에서 5공화국을 만든 1979년 12.12. 사태와 광주에서의 1980년 5.17. 발포사건의 책임자인 전직 대통령 두 명을 형사재판에 부쳐 중형을 선고한 것이 얼마나 많은 피해자들의 영혼을 위로하고 우리 사회를 정의롭고 평화롭게 만들었는지는 더 강조하기조차 어렵습니다. 독일에서 수백만 명의 유대인을 학살한 나치 전범들을 뉘른베르크 전범재판을 통해서 처벌한 것도 마찬가지로 피해자들의 영혼을 신원하고, 피고인들의 영혼을 더 큰 죄악으로부터 건진 행위입니다. 그러나 일본에서 전후 미국이 2차대전과 대동아전쟁의 전범을 제대로 처벌하지 않고 옹호하면서 넘어간 것은 아직도 '자기가 가해자인 줄을 모르는' 일본의 영혼적 마비 상태를 낳고 피해자인 이웃국가 국민들의 영혼에 대한 가해를 계속하고 있습니다.

따라서 검찰이나 법원이 권력이나 더 큰 힘에 굴종하여, 폭력을 정죄하지 않거나 못하는 것, 그러고도 이런저런 핑계를 대는 것은 피해를 입은 수많은 소자(小子)의 영혼을 실족케 하는 큰 죄입니다. 하나님의 연자맷돌을 두려워해야 합니다.

(3) 무죄 사건

2019년 처리된 형사 1심 본안사건의 총수 23만 5,887건 중 무죄를 받은 사건 6,868건의 비율은 2.5% 정도입니다.(이하 2020년 사법연감) 죄명에 따라 조금씩 차이가 나는데 횡령·배임죄의 1심 무죄율이 5~6% 정도(248건/5,057건) 되는 것처럼 법률적 논쟁의 여지가 비교적 큰 경제적 법익에 관한 죄들의 무죄 비율이 상대적으로 높아 보이고, 특가법위반 뇌물죄의 경우에는 무죄율이 10%(6건/64건) 가까울 정도로 다소 이례적으로 높으며, 고소인과 피고소인이 치고받는 무고죄의 경우에도 무죄율이 약 7% 정도로(68건/1,033건) 다소 높은 편입니다. 무죄 사건의 양상과 모습은 매우 다양하므로 죄명에 따라 일률적으로 말하기는 어렵습니다. 무죄율이 높아 보이는 특가법 뇌물죄의 경우에도 무죄 사건이 10%라고 한다면 유죄 사건이 90%이기 때문입니다.

'심증은 있는데 물증이 부족해서 무죄가 되는 사건'의 경우에는, 무어라고 쉽게 말하기가 어렵습니다. 실제 사실이 유죄라면 피해자의 영혼이 타격을 입을 수 있습니다. 그러나 형사재판은 전체적인 관점에서 '무고한 자의 유죄판결을 피하기 위하여' 증거불충분 무죄 제도를 마련해 놓았기 때문에 이것을 두고 죄악이라고 비난하기는 조금 어렵습니다.

문제는 '실제로 무죄'인데 기소되고 하급심에서 유죄판결을 받았다가 상소심에서 무죄판결을 받는 사건들입니다. '죄 없음' 사건 중에는 ① 사실관계의 오인으로 기소되거나 유죄판결을 받았던 사건과, ② 법률해석 내지 법적용의 오류로 기소되거나 유죄판결을 받는 사건들이 있습니다. 피고인/피의자로서는 더 명백한 무죄인 전자가 더 괴로울 것처럼 생각되기도 하지만, 후자의 '법률상 무죄'의 경우에는 본질적으로 '그것이 죄인지 아닌지에 대해서 검사도 헷갈리고 판사도 헷갈리고 본인도 헷갈린다는 점'에서 오히려 죄의식의 불분명함과 불확실성으로 인해 도대체 참회하지도 못하고 변명하지도 못하는 그 영혼이 더 괴로워지는 측면이 있습니다.

무죄 사건에서는 검찰과 변호사와 법관의 입장과 태도와 변소(辯訴)가 크게 차이가 납니다. 검찰의 입장에서는 "무죄 판결은 기소기관과 판결기관을 분리한 탄핵주의 제도 하에서 검찰의 기소 자체에 내포된 위험이니 어쩔 수가 없는 것이고, 어차피 법원에서 판결을 받아 무죄를 받았으니 검사도 정당하고 판사도 정당하고 피고인도 정당한 것이다"라는 입장과 논리를 가질 수 있습니다. 법관의 경우에도 "법관의 가치판단과 법률적 견해의 차이로 하급심과 상급심 판결이 엇갈릴 수 있는 것이 삼심제도의 본질이므로, 법원 간에 판결이 엇갈리는 것은 당연한 것이지 잘못된 것은 아니며, 하급심 판사도 정당하고 상급심 판사도 정당하며 피고인도 정당하다"는 입장과 논리를 가질 수 있습니다. '결국에는 무죄판결을 받았고, 결국에는 풀려났으니 중간 과정에서의 우여곡절이 있더라도 결국 사법적 정의는 실현된 것 아니냐?'는 논리에 해당합니다. 사법제도의 기능적, 실증적, 실용적, 실무적 조건과 한계 등을 고려한다면 맞는 얘기처럼 생각됩니다. 그러나 고소·고발을 당해서 기소되고 유죄 판결까지 받았던 피고인의 입장에서 본다면, 이러한 검찰과 법원의 논리를 100퍼센트 수긍하기는 어렵습니다. 적어도 몇 개월 내지 몇 년간 경험한 신체적 부자유와 정신적 고통은 물론, '자기 인생과 운명의 불안정성'으로 인한 피고인의 영혼의 고통은 보상받을 방법이 별로 없기 때문입니다.

무죄 사건에 관한 오(誤)기소와 오판(誤判)과 오변론(誤辯論)이 있었다고 전제하고 볼 때, 문제는 "그러한 오기소와 오판과 오변론이 피할 수 없는 불가피한 것이었는가 아니면 피할 수 있는 가피(可避)한 것"이었는가 하는 점입니다. 법원, 검찰에서는 다소 섭섭하게 들리겠지만, 가피한 사건이 꽤 있었고, 가피한 일이 불가피한 것으로 바뀐 데에 문제가 있습니다.

오랜 기간 발전해 온 재판제도는 재판을 세 번 하는 '삼심 제도'와 기소자와 심판자를 분리하는 '탄핵주의' 등으로 인간의 판단능력의 한계를 예방하고 보완하려는 장치를 만들어 왔습니다. 그런데 이 점이 역으로 형사 사법절차의 각 단계에서 이루어지는 일과 법률가의 역할을 기능화·상대화·분절화한 면이 있습니다. 기소와 판결의 분리, 세 번의 판결은 검사와 각급 법원 판사의 실수 가능성을 예상하고 대비한 것입니다. 그런데, 이 제도가 역으로 검사와 법관으로 하여금 나중에 누군가가 바로잡을 수 있다는 생각으로 자신의 실수에 대하여 관대하게 만드는 효과가 실제로 존재한다는 점을 부정하기는 어렵습니다. 이것은 마치 '율법이 범죄를 야기한다.'는 바울 서신의 역설[30]과도 흡사합니다.

다소 조심스러운 얘기지만 역기능적인 측면을 조금 강조해서 얘기한다면, 고소인은 피고소인이 처벌되든 말든 일단 '그를 괴롭히기 위해서, 법적 분쟁을 이기기 위한 집중포화 양동작전 식의 전술로서, 또는 민사재판의 증거자료를 확보하기 위해서' 고소·고발을 합니다. 검사는 유죄와 무죄 중 어느 쪽인지 확신이 안 가면 즉 무죄라는 확신이 안 가면 법원의 판단을 받아 보겠다고 기소를 하는 경우가 꽤 있습니다. 하급심 법관은 법적으로 유죄가 되는지 조금 의심스럽고 결국에는 무죄가 될 가능성이 상당히 있어 보이더라도 피고인을 그냥 풀어주기는 억울해서 상급심 가서 잘 변론해서 풀려나라고 일단 유죄 판결 실형선고를 합니다. 이 사건을 받은 상급심 법관은 하급심 법관이 어련히 잘 판단했겠지 생각하면서 항소를 기각하고 상고를 기각할 수 있습니다. 여기에다 변호사들조차도 잘 따져보면 진짜 무죄일 수 있는 사건을 대충 보고서 진지하게 무죄 주장을 하는 의뢰인에게 실형을 받기 싫으면 차라리 자백하고 집행유예를 받자고 권유하거나 압박하기도 합니다.(이것은 진짜 무죄인 사건의 경우를 두고 얘기하는 것입니다)

형사소송의 최종 '결과'만을 중시하는 입장에서는 고소나 고발이나 하급심 판결이 잘못되었더라도 '최종적으로 무죄판결이 나기만 하면 문제는 없는 것'으로 생각하는 경향이 있습니다. 그러나 '영혼의 실족'이라는 차원에서 본다면 형사절차의 시작과 진행으로 사람은 '새 덫'에 갇혀 지내게 되고, 고통은 새 덫에 갇힌 기간 내내 존속하며 최종적으로 그 사람이 참새구이 신세가 되지 않았다고 해서 영혼의 고통이 없는 것은 아닙니다.

어찌 되었든 무죄 사건에서는, 한 소자(小子)가 이미 실족했거나, 거의 실족할 뻔했습니다. 예수님은 연자맷돌을 준비해 놓았다고 하셨습니다. '기소를 한 검사나 유죄판결을 한 판사나 태만하여 무죄판결을 받아내지 못한 변호사가 아무 걱정 없이 이 연자맷돌을 피할 수 있을 것인가?' 라는 문제 상황입니다. 우리가 우리 법률가들 스스로에게 이렇게 깐깐하게 굴고 싶지는 않지만, 이것은 '영혼의 무게'에 관한 문제입니다. 우리가 배운 세상의(secular)

형사재판이론은 100명 중 2.5명의 실수는 '괜찮다'고, 10명 중 9명이 맞으면 1명이 실수는 '어쩔 수 없다'고 말하고, 우리도 우리 법률가의 영혼과 피고인/피의자/의뢰인의 영혼을 1:1로 똑같은 무게로 달고 싶지는 않습니다. 그런데 예수님은 소자 "한 명"의 영혼의 무게를 우리 법률가들 한 명 한 명의 영혼의 무게와 똑같이 달고 계십니다. 그 결과 이제는 피의자/피고인의 영혼뿐만 아니라, 우리들 법률가의 영혼이 위기에 처하게 되었습니다.

너무 극단적으로 빡빡하게 굴고 싶지는 않습니다만, 이것은 '무게'와 '가피(可避)'의 문제입니다. 피의자/피고인/의뢰인의 영혼에 더 많은 무게를 인정하는 것과, 노력과 진지함의 한계가 변명하는 불가피(不可避)의 범위를 온당하게 줄이는 문제입니다. 1명의 소자의 실족 때문에 연자맷돌을 돌리겠다고 우리를 협박하는 예수님이시니, '5명의 소자가 우리 손을 거쳐 실족할 것'을 '4명만 실족하는 것'으로 만들어 단 한 명이라도 실족하는 사람을 줄이면 예수님께서 상당한 칭찬을 주시지 않겠습니까?

여전히 뭔가 무리하고 너무 부담스럽고 부당한 요구처럼 느껴집니다. 여기에 대해서 예수님은 누가복음 12장 48절에서 "무릇 많이 받은 자에게는 많이 찾을 것이요 많이 맡은 자에게는 많이 달라 할 것이니라."고 우리에게 반박을 하십니다. 로마서 13장에서 말한 것처럼 법률가들이 세상에서 '하나님의 칼'을 위탁받았으면 그 칼의 무게를 감당해야 합니다. 감당하기 싫으면 그 칼을 놓아야 합니다. 의무를 감당하지 않고 권리만 행사할 수는 없으며, 대가를 치르지 않는 영광은 없습니다.

이렇게 자꾸 우리들 자신을 달래 보아도 여전히 뭔가 답답하고 뭔가 억울합니다. 우리는 하나님이 아니고 연약한 인간인데, 하나님께서 우리더러 세상의 재판을 하라고 위탁해 놓으시고 어떻게 사람이 하나님처럼 완벽하게 기소와 재판과 변론을 하기를 기대하시느냐고? 그럴 것 같으면 우리를 시키지 마시고 하나님이 직접 재판을 다 하셔야 하는 것 아니냐고?

이런 우리의 투덜거림과 답답함에 대해서, 하나님은 최후의 강력한 그리고 결정적인 타격을 주는 말씀을 준비해 놓으셨습니다. "너희 법률가들은 「세상 법정의 심판관」이 아니고 「하나님 나라 법정의 증인」이다. 너희는 이웃에 대하여 거짓증거하지 말라!"고.

아. 처방(결론) : 법률가의 계명(誡命) – "너희는 이웃에 대하여 거짓증거 하지 말라"

(1) 십계명 중 제9계명의 정체는 무엇인가

십계명은 하나님이 하나님의 백성들에게 주신 10개조의 헌법에 해당합니다. 집으로 치면 불과 10개밖에 없는 기둥과 서까래에 해당하는 중심적 계명입니다. 한 계명 한 계명이 다 크고 깊고 넓고 높고 무겁습니다.

하나님 이외의 다른 신을 인정하지 말라는 제1계명은 하나님의 절대적 본질을 우리에게 계시하고(존재론), 하나님을 눈에 보이는 다른 형상으로 만들지 말라는 제2계명은 하나님의 성품을 다른 것을 덮어 씌워서 왜곡하지 말라는 우리 믿음의 기본원칙을 계시한 것입니다.(인식론) 제3계명은 하나님의 거룩함을 욕보이지 말라는 것이고(실천론), 제4계명은 안식일을 지켜서 모든 사람과 동물과 자연의 복지를 도모하라는 것입니다.(하나님의 사랑) 이렇게 하나님에 대한 4개의 계명은 하나님에 관한 존재론, 인식론, 실천론, 하나님의 사랑이라는 거대한 내용들을 담은 큰 기둥들입니다.

이웃을 사랑하라는 6개의 계명 중 부모를 공경하라는 제5계명은 위에서 아래로 내려오는 가족의 근본줄기를 다루고, 살인하지 말라는 제6계명은 하나님께서 주신 인간 생명의 존엄성과 폭력에 대한 반대를, 간음하지 말라는 제7계명은 최초의 인간관계인 수평적 부부관계의 거룩함을, 도둑질하지 말라는 제8계명은 사람들이 먹고사는 세상의 경제질서의 근본을, 이웃의 것을 탐하지 말라는 제10계명은 이웃 간의 분쟁의 기본원리와 예방책을 다룹니다. 그러니까 제5계명과 제7계명으로는 수직적·수평적 가족관계가 다 커버되고, 제6계명으로 인간의 생명이, 제8계명으로 인간의 경제생활이, 제10계명으로 인간의 사회관계가 다 규정되는 커다란 기둥들입니다.

그런데 오직 제9계명이 조금 이상합니다. '너희는 이웃에 대하여 거짓증거(證據)하지 말라.(출애굽기 20:16)' 우리의 일상적 상식과 문언적 해석에 의한다면 여기에서의 거짓증거는 「재판에서 증언대에 선 증인이 위증(僞證)을 하는 것」을 의미하는 것으로 보입니다. 그런데 재판에는 우선 적용할 법이 있고 싸움을 할 법원이 있고, 판단을 할 판사가 있고, 기소를 하는 검사가 있고, 변호를 할 변호사가 있고, 무엇보다도 싸움을 하는 당사자들이 있고, 그리고 나서야 사실을 뒷받침하는 증인이 있습니다. 그렇다면 증인은 세상의 재판에 관해서 보더라도 6번째 차례가 되어서야 나오는 조연적 등장인물인데, 불과 10개에 불과한 핵심 계명 중의 하나가 '증인'에 대해서만 제공되다니! 민·형사 재판의 증인들로서는 도무지 황공무지할 상황입니다. 그러나 아무래도 이상합니다. 다른 9개의 계명은 모두 하나님과 인간의 전체 영역을 각각 십 분의 일 토막씩 나눠가질 정도로 큰 영토를 가지고 있는데, 제9계명은

'재판의 증인'에게만 이 세상 전부의 십 분의 일 영토를 주다니? 그 규범을 지켜야 할 수범자(垂範者)의 숫자도 너무 적고, 규범 적용의 대상범위도 너무 좁고, 다른 계명들과는 전혀 균형이 맞지 않아서 도저히 납득할 수가 없습니다.

제9계명의 존재와 의미를 납득할 수 있는 유일한 길은 이것을 '세상의 법정에서 이루어지는 재판' 전부를 다루는 계명으로 해석하는 것입니다. 이러면 비로소 제9계명의 존재가 납득이 됩니다.

십계명의 두 번째 돌판(Second Table)에 새겨진 이웃사랑의 여섯 계명은 세상의 영역을 '부모(5)/부부(7)/생명(6)/경제(8)/사회(10)/재판(9)'으로 나누고 각각의 분야에 대한 핵심적 계명을 준 것입니다. 그리고 이 계명들은 각각 '하나님의 사랑을 지상에서 대행하는 부모(5계명)' '하나님이 창조하신 생명(6계명)' '하나님이 만들어 주신 돕는 배필(7계명)' '하나님이 주신 자연과 물질(8계명), '하나님이 주신 사회(10계명)' 그리고 '하나님의 심판을 지상에서 대행하는 재판(9계명)'으로 서로 아귀를 맞추어, 하나님이 창조하시고 인간이 타락시킨 세상의 모든 영역을 6개의 분야로 다 포괄하여, 사람들이 살아가는 원칙을 제시한 6개 분야의 기본적 사회 헌법이 됩니다.

(2) 법률가들이여, 이웃(피고인과 피해자)에 대하여 거짓증거(거짓판단)하지 말라!

그렇다면 '하나님의 심판을 지상에서 대행하는 재판'에 관하여 계시된 제9계명 '너희는 이웃에 대하여 거짓증거 하지 말라!'는 명령의 수범자는 결코 증인에 국한되는 것이 아닙니다. 인간의 법정 전체, 그 중심에 자리한 법관,

그리고 검사, 변호사, 쌍방의 당사자들, 피고인 모두가 제9계명을 지켜야 하는 장본인이 되어 '이웃에 대하여 거짓증거를 하지 말아야 할' 의무를 부담하는 것이고, 세상 법정의 증인은 그 뒤를 따르게 됩니다.

이렇게 본다면, '세상의 법정'은 그 전체가 '하나님의 법정'에서 증언을 하는 증인이 되고, 법관은 그 증인단의 대표가 되며 검사와 변호사는 증인단의 차석(次席), 차차석 구성원이 되는 셈입니다. 세상의 법정에서 판사가 내리는 판결은 하나님의 법정에서는 심판자인 하나님에 대해서 사람의 대표가 진술하는 '이웃에 대한 증거'이고, 검사와 변호사와 당사자와 고소·고발인들 모두가 세상의 법정에서 행하는 행위들은 세상 법정의 하나님에 대한 '증언'을 구성하는 일부분들이 됩니다.

(3) '세상 법정(법률가들)'의 '거짓증거(거짓심판)'에 대한 하나님의 처벌

자! 이렇게 되면 상황이 거의 180도 달라집니다. 세상의 법정에서 선서하고 증언한 증인은 '거짓증거(위증)'을 하면 형법 제152조에 따라 5년 이하의 징역 1천만원 이하의 벌금형에 가차 없이 처해지게 됩니다. 그런데 세상의 법정에서는 잘못 판단(거짓증거)한 법관과 검찰과 변호사에 대해서는 일체 처벌규정이 없고, 죄를 지었다고 추궁하는 자도 없고, 법률가들도 자신이 죄를 지었다는 생각은 없이 그저 열심히 했지만 불가피한 실수나 의견 차이가 발생한 것처럼 생각하고 그냥 평안하게 넘어갑니다.

그러나 하나님이 주신 하나님 백성의 성문 헌법인 십계명 중 제9계명 '너희는 이웃에 대하여 거짓증거하지 말라'는 계명에 따라, 세상의 법정과 그 대표자인 법률가들은, 당당한 심판자가 아니라 위증죄의 처벌을 추궁받아야 하는 '하나님 앞의 증인' 신분으로 서게 됩니다.

세상의 법은 위증한 증인에게 징역 5년의 신체형을 준비해 놓고 있지만, 하나님의 법은 '이웃에 대하여 거짓증거(거짓판단)을 하여 소자(小子) 단 한명의 영혼을 실족케 한 법률가'들에 대하여 마가복음 9장 42절의 성문법으로 '연자맷돌' 형을 준비해 놓고 있습니다.

우리는, 우리 법률가들을 세상 법정에서 심판자의 자리에 앉아 사람들을 기소하고 판결하고 형을 집행하면서 처벌하는 '주인공'으로 생각해 왔습니다. 그러나 우리가 서 있는 세상 법정은 하나님의 법정과 분리되거나 별개로 존재하는 것이 아닌 것 같습니다. 하나님의 법정은 세상 법정과 동시에 존재하고, 그리고 세상 법정의 앞과 뒤로 연결되어 영원히 세상 법정 전체를 품에 안고 세상 법정 전체를 하나님 법정의 증언대에 세워 놓고 있으며, '세상 법정을 담당하는 증인(=법률가)들'이 거짓증거하는 행위를, 법과 재판의 이름으로 이웃을 해치고 소자를 실족케 하는 행위를 심판의 대상으로 쳐다보고 계신 것입니다. 즉, '세상 법정의 심판자'는 동일한 시간에 동일한 장소에서 그 심판 행위 전체를 가지고 '하나님 법정의 심판 대상'으로 서 있는 것입니다.

결국 우리 법률가들은 우리를 법대 위에 있는 '심판관(審判官)'이라고 생각했지만, 실제로 우리는 하나님의 법대 아래 있는 '증인'이고 위증죄의 '피고인'인 것입니다.

결국 '세상 법정의 심판'은 '하나님 법정의 심판'의 현실적 일부분을 이루고 있습니다. 세상의 형사절차에서 수사와 기소와 재판과 선고와 형 집행을 통해서 사람이 겪는 고통은 시편 1편 4절 5절의 '바람에 나는 겨와 같이 심판을 견디지 못하는' 것의 가장 현실적인 모습을 보여줍니다. 저 세상에서의 심판을 우리는 믿지만, 그 모습을 정확히 알지도 경험하지도 못했습니다. 그러므로 우리 법률가들이 하는 세상 법정에서의 재판은 매우 심각한 하나님의 일이고 하나님의 심판 역사의 일부이고, 우리가 법률가라는 이름으로 하나님의 심판을 그르치는 것은 '사소한 불가피한 세속적 실수나 의견차이'가 아니라 하나님 앞에서 정확하게 변소하고 설명하고 스스로 책임을 져야 하는 일이 될 것 같습니다.

그러니까 세상 죄인들에 대한 하나님의 심판보다 '세상 죄인들을 1차 심판하는 우리 법률가들에 대한 하나님의 심판'은 이중(二重)의 심판('심판하는 행위'에 대한 심판)이자 두 세트의 죄('법률가 본인의 죄'와 '타인을 심판하는 과정에서 범한 죄')에 대한 심판이어서 이중 삼중으로 더 무거워지는 것 같습니다. 조금 무섭지요. 그러나 우리가 심판하는 자리에 앉거나 그 옆에 서 있지 않으면 이런 무서운 일을 경험할 필요도 없습니다. 법관이든 검찰이든 변호사든 다른 권력의 자리에서 이웃을 판단하고 정죄하는 자리(오만한 자의 자리-시편 1편 1절)에 앉은 것이 근본적인 문제이지요. 권력이 크면 대가도 크고, 하나님은 많이 받은 자에게는 많이 찾으십니다.(누가복음 12장 48절) 제9계명에 의해서, 우리 법률가들은 세상 법정에서의 자유를 잃고, 하나님의 법정에 매였습니다!

이제 우리는 하나님 법정의 이웃에 대하여 결코 실수로도 거짓증거(거짓심판)하지 않기 위하여, 고소·고발인들은 그냥 조심성 없이 타인을 고소·고발하지 말고, 무죄라는 확신이 안 간다고 대충 기소하지 말고, 피고인이 마음에 안 들어서 유죄판결을 하거나 힘들고 귀찮아서 대충 변호하면 안 될 것 같습니다. 세상 법정의 형사절차에서 벌어지는 이웃에 대한 거짓증거(거짓심판)에 대해서 하나님 앞에 불가피했다는 변명이 쉽게 통할 것 같지는 않기 때문입니다.

(4) 거짓증거 = 사탄의 참소의 세계

'거짓증거'는 사람의 일상적 세계가 아니고, 거짓의 아비요 참소하는 자인 사탄의 세계입니다. "너희는 너희 아비 마귀에게서 났으니 너희 아비의 욕심을 너희도 행하고자 하느니라 저는 처음부터 살인한 자요 진리가 그 속에 없으므로 진리에 서지 못하고 거짓을 말할 때마다 제 것으로 말하나니 이는 저가 거짓말장이요 거짓의 아비가 되었음이니라(요한복음 8:44)" 세상 법정의 증인이 고의로 거짓증거를 하는 것은 명백한 악의 행동입니다. 하나님 법정의 증인(법률가)이 대충 귀찮아서, 기분 내키는 대로, 애매해서, 어떻게 되나 두고 보려고, 법을 잘 몰라서, 거짓증거(오기소, 오판, 오변론)을 하는 것은 하나님 앞에서 불가피한 행위가 아니고 하나님의 형상대로 창조하신 이웃에 대한 거짓이요 참소요 악입니다. 우리는 여차하면 '죄를 심판하는 의인의 자리'에서 '이웃을 참소하는 사탄의 지배를 따르는 죄인의 자리'로 전락하게 되는 것입니다.

(5) 처방의 보완

이렇게 되고 보니, 신앙적 형사재판이론을 찾기 위해서 제9계명을 논한 것은, 병이 낫는 처방이 아니고 마치 사약을 들이킨 것 같은 기분입니다. 하지만 너무 겁내고 두려워만 할 필요는 없습니다. 우리가 잘 하면 되지 않겠습니까? '하나님을 경외하는 약', '이웃을 사랑하는 약', 그리고 '자기를 부인하는 약'이 '거짓증거하지 말라'는 주처방의 독성을 완화시킬 보완 처방약이 될 것입니다.

우선 우리는 과거 하나님을 경외하지 않고 우리가 주인이라고 생각하고 누구한테 추궁 받을 것 같지 않으니까 다소 방만한 기소와 재판과 변론을 했을 것이니, 이제부터라도 제9계명을 알고 하나님을 경외하면서 삼가 형사재판 실무를 하면 '거짓증거'를 할 이유가 없을 것입니다. 과거에는 세속의 형사이론에 따라 '실수를 해도 되고, 해도 괜찮다'고 생각했으니까 잘못이 있었던 것이고, 이제는 신앙적 형사이론에 따라서 하나님의 법정을 동시에 생각하면서 '실수를 하면 안 되고, 하면 안 괜찮다'고 생각하면 실수를 안 하게 될 것입니다. 이것이 첫째로 우리 법률가들에게 주어진 '하나님을 경외하는' 처방약입니다.[31]

다음으로 과거에는 우리 법률가들이 피고소인이나 피의자나 의뢰인을 조금 가볍게 생각했으니까 이런저런 잘못을 했던 것인데, 앞으로는 내 앞에 있는 이 사람들이 '예수님이 사랑하시는 소자 한 사람'인 것을 알고 최대한 그 운명과 영혼을 존중하고 가급적 실족시키는 일이 없도록 정색하고 노력을 하면 내 앞에 피해자/피의자/피고인으로 서 있는 이웃의 영혼을 실족시키는 일도 안 하게 될 것입니다. 이것이 둘째로 우리 법률가들에게 주어진 '이웃을 사랑하는' 처방약입니다.[32]

마지막으로는 검사나 판사나 변호사가 '자기의 출세욕이나 야망이나 여론의 공격을 회피하려는 생각이나 의뢰인에 대한 불성실'과 같이 '자기의 욕망'을 우선할 때에 '거짓증거'의 위험이 커지는 것이므로, 우리의 자리에 만족하거나 오만해 하지 않고 개인적인 욕망을 우리의 직무에 앞세우지 않고, 삼가 진지하고 성실하게 우리의 직무를 행한다면, 본의 아니게 우리의 의뢰인과 피고인과 피의자를 참소하는 행동은 안 하게 될 것입니다. 이것이 셋째로 우리 법률가들에게 주어진, 현실적으로 가장 중요한 '자기를 부인'하는 처방약입니다.[33]

이렇게 해서 우리 법률가들이 '하나님의 법정에 대한 경외심'과 '이웃사랑'과 '자기부인'으로 우리에게 맡겨진 달란트인 '하나님의 칼'을 잘 다루고 잘 행사하여 이 땅에 하나님의 공의가 온전히 움직이도록 하는 선한 역할을 최대한 수행해 내면,

하나님은 인상을 확 푸시고 우리에게 흐드러지게 웃으시면서 "잘하였도다 착하고 충성된 종아 네가 적은 일에 충성하였으매 내가 많은 것을 네게 맡기리니 네 주인의 즐거움에 참여할지어다(마태복음 25:21)"라고 우리를 즐거워하시고 하나님 나라의 기쁨을 우리가 만끽할 수 있게 해 주실 것입니다.

제5부

기독교 신앙과 파산회생법

우리에게 빚진 자를 용서해 주는 법

우리에게 빚진 자를 사(赦)하여 주는 법[34]

-믿음으로 읽는 파산회생법-

1. Bankruptcy Lawyer의 역설 : 하이에나 변호사 vs. 치료하는 변호사
- 도산법에 대한 사회기능적 분석

1.1. 하이에나 변호사?

2008년 가을 미국의 리만 브라더스 사태로 세계적인 경제위기가 촉발되면서 전세계적으로 크고 작은 로펌들이 모두 도산 파트를 확장하는 일이 벌어졌습니다. 바야흐로 파산변호사들의 전성기를 기대한 것이지요. 그러니 안타깝게도(?) 은행, 자동차회사 등 주요 산업의 대기업들이 대거 파산절차(Chapter 11- 우리의 기업회생절차에 해당)에 들어간 미국의 경우를 제외하고는, 우리나라는 물론 유럽과 일본 등 대부분의 국가에서 파산변호사들이 별 재미(?)를 보지 못했습니다. 각 나라의 정부가 대규모 파산사태를 막기 위해 미리 예방적인 Bail-Out(공적자금 투입) 내지 Work-Out(법원 외 기업구조조정)의 예방조치를 취했기 때문입니다.

기업이 망해야 돈을 벌고, 기업이 망하지 않으면 별 재미가 없다? 타인의 불행이 나의 행복이 되고, 타인의 행복은 나의 불행이 된다? 그것도 변호사가! 아주 최악입니다. 가왕 조용필의 불후의 명작 '킬리만자로의 표범'의 노래에서 "먹이를 찾아 산기슭을 어슬렁거리는 하이에나를 본 일이 있는가?

짐승의 썩은 고기만을 찾아다니는 산기슭의 하이에나!"라는 가사를 들어본 일이 있습니까? '파산변호사'라는 명칭은 마치 경제적으로 죽은 기업과 개인의 경제적 주검을 찾아다니는 하이에나 같다는 느낌을 줍니다. 분명히 파산변호사는 타인의 경제적 불행을 통해서 먹고 사는 측면이 분명히 존재합니다.

1.2. 법률을 통한 치료자

파산변호사처럼 타인이 불행해져야 돈을 버는 사람들이 또 있습니다. 의사들입니다. 의사들도 사람들이 아파야 돈을 벌고 사람들이 많이 아프지 않으면 돈벌이가 별 재미가 없습니다. 그렇다고 사람들은 사람의 병을 고쳐주는 의사들을 보고 하이에나라고 생각하지는 않습니다. 파산법을 다루는 법률가들에게도 병을 치료하고 고쳐주는 의사와 같은 치료적 기능이 있습니다.

기업이 망하거나 망할 것 같으면 회생절차나 파산절차에 들어옵니다. 기업회생절차는 거의 망해가는 회사에게 회생과 부활의 기회를 부여합니다. 채권자들의 흥분을 '정리절차 외에서의 개별적 변제금지 및 강제집행금지'라는 법적 강제력으로 가라앉히고, 회사에게 이행가능한 변제계획(회생계획)을 제시하도록 한 후, 채무의 탕감(채권의 포기)을 포함하는 회생계획에 대한 찬반을 채권자의 표결에 붙여서, 법원의 감독과 채권자의 동의로 '기업을 청산하여 자연사시킬 것인지, 치료해서 계속기업으로 부활시킬 것인지'를 결정합니다.

우리나라에서는 1997년 IMF 경제위기 당시 국가 전체가 외환 채무를 결제하는 것이 불가능할 정도의 국가부도 사태 직전까지 몰렸습니다. 30대 상위그룹 중 절반 정도가 회사정리 또는 파산절차에 들어가고 제2금융권의 종금사 및 신용금고 대부분이 파산절차에 들어갈 정도로, 외형상 나라 전체가 거의 망했었습니다. 경제의 기반 자체가 완전히 무너진 것은 아니었지만, 급격한 외환위기와 이어진 고환율, 고금리(미화 1달러 당 800원 ☞ 2,400원, 대출금리 연 20% 이상)를 이겨낼 기업은 거의 없었습니다.

이 상황에서 그 전에는 활발하게 쓰이지 않았던 당시의 회사정리법과 파산법은 우리나라의 기업들 중 상당수를 관리하고 정리하고 부활시키는 법적인 도구가 되었고, 결과적으로는 성공적이고 풍부한 회사정리 실무를 법원과 변호사 사회 및 경제계에 축적시키고 많은 기업을 살려냈습니다. 1997년에 거의 망했던 우리나라의 경제가 2000년대에 들어와 오히려 눈부시게 회생하고 부활한 것에, 우리나라 파산법의 실무가 큰 역할을 한 것은 분명합니다. 하이에나는 죽은 동물의 시체를 뜯어먹지만, 파산법을 다루는 법률가는 죽은 기업을 살려냅니다.

개인회생, 개인파산절차 또한 경제적으로 무너진 사람들을 살리는 효과가 있습니다. 개인파산제도는 빚을 갚을 수 없는 사람에게 '남은 재산'으로 갚을 만큼 갚게 하고 못 갚는 돈을 탕감(면책)시켜 주어서 빚을 청산합니다. '파산자'라는 불명예는 있지만 파산 면책, 복권이 이루어지면 어쨌든 경제적으로 '새 출발'을 할 수 있는 기회를 가지게 됩니다.

개인파산이 '포기'적인 측면이 좀 더 강하다면, 개인회생은 '치료'적인 측면이 조금 더 강합니다. 이름이 조금 혼동을 주지만, 신용채무액 10억 이하 담보채무액 15억 이하의 경우에 적용되는 '개인회생 절차'와 채무액이 위 기준을 초과하는 개인에 관한 '일반 회생절차'는 채무자가 '계속 경제생활을 하여 창출하는 수입'과 '소유재산의 처분대금'으로 이행가능한 만큼 회생계획에서 약속한 대로 채무를 변제하도록 하고, 나머지 채무를 법률상 면제해 줍니다. 아무리 해도 도저히 답이 안 나오는 이른바 '빚쟁이'가 법원의 울타리로 들어가 법의 보호를 받으면, 경제적으로 죽음의 위기에서 벗어나 재생할 수 있도록 하는 것입니다.

결국 파산법은 '경제'를 대상으로 하는 의술과 같고, 파산법을 다루는 법률가는 경제적으로 병이 든 '기업'과 '개인'을 법률적으로 치료하는 의사와도 같은 역할을 합니다. 그러므로 파산변호사는 '타인의 불행이 나의 행복이 된다.'는 점에서는 하이에나와 비슷한 면이 있지만, '타인의 불행을 법률적으로 치료해 준다.'는 점에서는 의사와 같이 긍정적인 기능과 역할도 합니다.

1.3. 긴장(緊張) - '채무자의 눈물'을 닦아주고, '채권자에게는 피눈물'을

이렇게 좋고 멋있게 그 의미를 얘기하면, 파산법을 다루는 변호사가 아주 멋있고 훌륭한 일만 하는 것처럼 보일 수도 있지만, 구체적이고 실질적인 업무의 수행과정을 보면 그렇게 거룩하고 보람 있고 의미 있고 한 일만 하는 것은 아닙니다. 파산법 업무도 근본적으로는 일반 법률 업무와 마찬가지로 지루하고 일상적이며, 긍정적인 측면(upside)과 부정적인 측면(downside)이 다같이 존재합니다. 별 차이가 나지 않습니다.

다만 도산법이 '경제적 위기에 처한 기업/개인'을 다루기 위하여 일반 민법/민사소송법의 절차를 크게 제약하거나 왜곡하는 '깡패 같은 특별법'이라는 점에서, 이 제도에는 선용될 가능성과 악용될 가능성이 일반 민사법보다

다소 증폭되는 면이 있습니다.

파산회생법에는, 한편으로 '채무탕감을 통해서 힘든 자(채무자)의 눈물을 닦아주는 면'이 있지만, 다른 한편으로는 '강제적인 채권의 박탈/감면을 통해서 돈을 떼이는 채권자에게 피눈물을 흘리게 하는 면'이 동시에 공존합니다. 이러니까 도산법을 다루는 법관이나 변호사 모두에게는 상당히 보람 있는 일을 할 수 있는 기회와 상당히 포악한 짓을 벌일 수 있는 위험이 동시에 존재합니다. 하이에나가 되었다가 치료자가 되었다가, 선과 악, 정의와 불의를 수시로 왔다 갔다 할 수 있는 것이지요.

2. 우리에게 빚진 자를 묶는 법 vs. 우리에게 빚진 자를 사하여 주는 법
　- 도산법에 대한 성경적 분석

2.1. 우리에게 빚진 자를 묶는(잡는) 법 - 인과응보

본래 연혁적으로 유럽의 파산법은, 채무초과로 빚을 갚는 것이 불가능해진 귀족 영주의 책임재산을 동료 영주들인 채권자들이 집단적으로 장악하여 채무자가 재산을 빼돌리지 못하도록 하고, 장악된 책임재산을 가장 효율적으로 처분하여 최대한 채권을 회수하고 공정하게 분배하려는 '채권자 보호'의 차원에서 시작되었습니다.

회생절차나 파산절차나 공히, 절차의 시작, 즉 회생절차개시결정이나 파산선고 시 또는 그 이전의 보전처분 시부터, 채무자의 재산 전부를 압류하고 채무자가 임의로 재산을 처분하거나 특정 채권자에게 변제하는 것을 금지하는 것, 그리고 관리인이나 파산관재인을 선임하여 채무자의 재산관리권을 박탈하는 것은 모두, '채권자들의 집단적 이익을 보호'하기 위하여 '채무자의 권리를 묶고, 채무자를 잡아서 꼼짝 못 하게 하려는' 제도입니다. 지금은 거의 쓰이지 않는 규정이지만 현행 '채무자 회생 및 파산에 관한 법률'(이하 '채무자회생법')에는 파산선고를 받은 채무자를 법원이 형사소송법 절차에 따라 구인(拘引)할 수 있다는 규정도 있습니다. 결국 원칙적으로 파산절차나 회생절차에 들어간 채무자는 '빚진 죄인'으로 취급되는 처지에 있습니다.

청산(淸算)형 파산의 경우에는 결국 파산자의 재산 전부가 처분되어 채무 변제에 쓰입니다. 그리고 존속(存續)형 회생의 경우에도 절차 진행 기간 중 파산자의 재산과 경제활동에 대한 통제권이 법률에 의하여 제한되고 법원과 채권자들의 감독에 구속되도록 합니다. 이처럼 도산법에 의한 파산·회생 제도들은, 기본적으로 파산·회생 절차의 '채권자 보호'적 측면, 그리고 '빚진 자를 묶고 잡는 측면'을 보여줍니다.

2.2. '시험에 들었을 때, 악에 빠지지 않게' 하는 법(6번째 주기도문)

채무자가 빚을 갚지 못하는 상황은(미시적인) '경제 위기'를 발생시켜 사람들을(경제적) 시험에 들게 합니다. 바로 주기도문의 여섯 번째 기도 '우리를 시험에 들지 말게 하시옵고 다만 악에서 구하시옵소서.'의 '시험(試驗)'이 경제적인 측면을 통해서 심각하게 발생하는 지점입니다. 채무자의 부도 위기는 첫째로 채무자 본인을 위기와 시험에 들게 만들고, 동시에 돈을 빌려주었다가 못 받게 될 위험에 처한 채권자들은 더욱 심각한 위기와 시험에 빠뜨립니다.

금융기관이 채권자인 경우에는 '채무를 상환받지 못할 위기'의 인격적 성격이 다소 줄어듭니다.(물론 이 경우에도 채권자 회사가 망할 정도가 되면, 그 속에 근무하는 임직원들의 고용과 생계를 위협하는 인격적 성격이 커집니다) 그러나 개인이 채권자인 경우에는 '채무를 상환받지 못할 위기'는 그 채권자가 평생 피땀 흘려 번 돈을 허공에 날리고 경제적으로 커다란 손해, 때로는 회복 불가능한 손해를 입게 만드는, 치명적인 인격적 위기상황을 야기합니다.

우리 주변에 친척 간에 돈 거래가 이루어지는 경우들을 생각해 봅시다. 많은 경우 사업이 잘 되는 친척이 돈을 빌리거나 투자를 받아서 제때 이자를 줄 때에는 서로 사이가 좋고 서로 행복합니다. 하지만, 일단 돈을 빌린 채무자 친척이 망하거나 부도를 내면 돈을 빌려주거나 투자했다가 돈을 떼인 채권자 친척은 고생길로 접어듭니다. 채무자 친척도 고생하지만 채권자 친척도 고생합니다. 돈을 빌려준 친척은 자기 돈을 빌려다가 날리고 떼먹은 채무자 친척을 용서할 마음보다는 원망스럽고 원수 같은 생각에 가득 차게 되고, 채무자 친척은 '채권사 친척이 다른 채권자보다도 더 야멸차게 자기를 핍박하고 돈을 밝힌다'고, '이렇게 어려울 때 조금도 봐주지 않았다'고, 원망하면서 이것을 평생의 한으로 가슴에 묻곤 합니다.

결국 채무변제의 위기는 채권자의 생활과 영혼에도 심각한 시험이 되고, 채무자의 생활과 영혼에도 심각한 시험이 됩니다.

개별적 채무불이행의 경우 채권자는 일반 민사법에 따른 청구소송을 제기하여 판결을 받아 채무자의 재산을 압류, 강제집행을 통해 채권을 회수하게 됩니다. 채무자가 채무초과(= 자산합계 〈 부채총액) 상태에 빠지지 않으면 억울하고 분하고 시간이 오래 걸려도 법적인 채권의 회수가 가능합니다.

그러나 채무자의 이행 능력이 불안하거나 불확실하거나 부채 총액을 다 갚기에 책임재산이 부족하다는 점이 명백한 경우, 채권자의 불안은 '어떻게

든지 남보다 먼저 채권을 회수하여야 한다.'는 목표로 달리기 경주를 시작하게 합니다. 구체적으로 그런 사례의 비율이 얼마나 되는지는 모르겠지만, 가끔은 '어떤 수단과 방법을 쓰더라도 채권을 회수하겠다는 생각'이 들어서 법보다 주먹이 가깝다고 하면서 해결사를 동원하고 폭력을 동원하는 일도 있다고 합니다. 영화 피에타의 주인공 이정진(강도 역)의 직업이 바로 이 채권회수 폭력배였습니다.

폭력을 쓰든, 말로 하든, 채권회수의 위험이라는 '경제적 시험'에 든 채권자는 당연하고 자연스러운 반응으로 남보다 먼저 최대한 빨리 개별적으로 채권을 회수하기 위한 노력을 기울이고 싶어 합니다. 이 노력은 다른 채권자들과의 경쟁, 그리고 남몰래 재산을 빼돌리려는 사술(詐術-법적으로는 민법 제406조의 채권자취소권이 적용되는 사해행위), 채무자에 대한 가혹한 행동과 언사라는 '악(惡)'의 유혹 내지 법률상 '악(惡)한 행위'로 나타나게 됩니다.

불쌍하고 상처받은 채권자들이 모두 불나방처럼 채무자의 책임재산(경제적 주검)을 향해 뛰어들게 되면, 막상 그 누구도 채무자의 재산은 제대로 뜯어먹지도 못하고 오히려 채권자들끼리도 서로 물어뜯는 상처를 받습니다. 그리고 그 과정에서 채무자의 몸과 정신은 산산조각이 나게 됩니다. 아무도 100% 변제를 받을 수 없는 객관적인 상황에서, 채권자들 간의 주관적 달리기 싸움은 '불평등한 변제와 사해행위(편파적 변제행위)와 기타 여러 가지 법률적 악행'을 낳게 됩니다, 그런데 법률적으로 이런 달리기는 모두 민법 제406조의 사해행위취소권에 의해 결국에는 그 효력을 잃는 대상으로 되니, 사실 법률적으로는 무의미한 결과로 귀착되는 일입니다.

하나님이 일반은총으로 보든 인간의 합리적 이성으로 보든, 망한 법인/

개인과 관련하여 채권자들의 개별적인 채권추심행위를 묶고 채권자의 개별적 달리기를 막는 것은 집단으로서의 채권자 전체의 질서정연한 이익 보호에 부합하는 제도입니다.

그러므로 파산법과 회생법은 1항에서 본 바와 같이 '빚진 죄인'인 채무자를 재산처분권과 경제활동권을 박탈하여 묶을 뿐만 아니라, '시험에 든' 채권자들도 '악을 행하지 못하도록,' 개별적인 채권행사와 강제집행을 못하는 법으로 '꽉' 묶어 버립니다.

이처럼 파산회생법은(경제적) 시험에 든 채권자가(개별채권의 차별적 편파적 회수 또는 채무자에 대한 지나친 인격적 육체적 핍박의 유혹이라는) '악'을 저지르는 것으로부터 구하는 제도라는 점에서, 성경적 의미가 있습니다.

이 점에서 율법(Law), 즉 법률(Law)은 인간의 죄성과 악행을 저지르는 습성을 전제로 만들어지므로 악하지만, 사람이 죄를 짓는 것을 막고 제약하는 기능을 하므로 선합니다.[35]

빚을 못 받는 상황이 벌어졌을 때, 아무리 법 없이 살 정도로 착하고, 부처님 가운데 토막처럼 선량하고, 성령 충만한 기독교 신자도 '자신의 채권을 회수하기 위한 달리기를 하려는 초조한 욕망'을 벗어날 수는 없습니다. 여기에 대고 아무리 영력이 강한 성직자나 수련이 깊은 도승이 '달리지 말라'고 해도, 그 말을 따르고는 싶더라도 멈출 수는 없는 것이 인간의 본성입니다.

그런데 여기에 대해서 '법'은 냉정하게 '멈추라(Freeze)!'고 명령을 합니다. 민법 제406조가 사해행위를 취소한다고 협박하고, 파산법과 회생법의 개별 채권행사금지 규정은 채권자들이 아무리 열심히 달려서 미리 돈을 받아봐야 헛 것이라는 점을 분명히 합니다. 여기에서 채권자는 비로소 달리기를 주관적으로 포기하고 객관적으로도 멈추게 됩니다. 그러니까 법률/율법(Law)의 객관적 강제는 인간의 주관적 선의보다 훨씬 선하고 강력합니다.

2.3. 우리에게 빚진 자를 사(赦)하여 주는 법(주기도문 4번째 기도)

2.3.1. 민사법 - 용서는 없다

파산법이 재산을 빼돌리는 일을 막기 위해서 채무자를 묶고 잡는 것으로, 빚진 죄인인 채무자에 대한 응보와 징계가 시작됩니다.

채권자들의 개별적 채권회수 강제집행을 금지하여 채권자들이 자기 혼자만 변제받으려고 다른 채권자를 따돌리고 채무자를 신체적 정신적으로 핍박하는 것을 금지하고 포기시킴으로써, 파산법은(경제적) 시험에 든 채권자들이 '악'에 빠지지 않도록 하는 주기도문 여섯 번째 기도를 실천할 수 있게 해주는, 율법/법률(Law)의 기능을 합니다.

파산회생법은 여기까지만 하고, 합리적으로 채무자의 남아있는 책임재산을 채권자들 간에 담보채권은 담보채권대로 무담보채권은 무담보채권대로 엔 분의 일(1/n)씩 나누어 갖도록 하고 끝낼 수도 있습니다.

채무자가 기업인 경우에는 채무변제를 마친 후 해체하고 해산하여 그 경제적 실체를 소멸시키고, 채무자가 자연인 개인인 경우에는, 책임재산 전부를 묶어서 채권자 간에 공평하게 변제시키기만 하고, '빚진 죄인'인 채무자 장본인은 자신의 경제적 실패에 책임을 지고 아직 변제하지 못한 미변제채무를 '평생의 짐'으로 지고 남아있는 인생동안 계속 갚아나가거나 아니면 이를 포기하고 경제적 무능력자(경제적으로는 죽은 사람)으로 살아가게 하면 됩니다.

가혹해 보입니까? 일반적인 법률질서로는 전혀 가혹하지 않은 일입니다. 민법과 민사소송법과 민사집행법에 의한 채무초과, 지급불능 채무자의 운명은 여기까지입니다. '사적 자치' '계약자유' '과실책임'의 원리를 기초로 하는 합리적인 법률에 따른 합리적인 결과입니다. 파산법은 여기까지만 해도 얼마든지 '절서정연한 채권 정리'라는 율법/법률의 건전하고 선한 기능을 수행할 수 있습니다.

그런데 파산회생법은 갑자기 이 지점에서 민사법의 응보적 기능과 파산법의 율법적 기능을 넘어서, '은혜'와 '용서'의 개념을 법률에 도입하기 시작합니다. 이것은 또 무슨 일인가요?

2.3.2. 면책 – 법률적 용서

채무자회생법은 개인파산제도에서, 파산재단을 통하여 파산채권을 최대한 배당, 변제하고 남는 잔존채무를 면책허가 제도를 통해서 면제시켜 줍니다.(채무자회생법 제564조)

개인회생절차와 법인/개인 회생절차에서 회생채무자는, 회생계획에 의하여 인정된 권리를 제외하고 모든 회생채권과 회생담보권에 관하여 그 책임을 면하며, 주주·지분권자의 권리와 채무자의 재산상에 있던 모든 담보권은 소멸합니다.(채무자회생법 제251조 등)

면책제도가 없다면 파산절차를 지나서 재산을 다 잃고도 '무거운 짐'을 지고 나머지 인생을 살거나 누워있어야 할 파산채무자는, 갑자기 면책 제도의 은혜에 의하여, 과거의 '빚진 죄, 못 갚은 죄'를 용서받고 깨끗하게 새 출발할 수 있는 새출발의 기회를 가지게 됩니다.[36] 회생계획으로 채무를 제한하는 면책제도가 없다면 기업이나 개인이나 아무리 열심히 일을 하고 경영을 해도 남은 잔여채무를 모두 갚는 것은 불가능하므로, 다시 일어서는 경제적 회생, 경제적 부활의 가능성은 거의 없었을 것입니다.

이처럼 파산회생법은 민사법에 생소한 '은혜'와 '용서'의 개념을 법률제도에 도입합니다. 상당히 기이한 일입니다.

면책의 제도가 도입된 이유에 대해서는, 우선 '채권자들의 입장에서 볼 때' 어차피 못 받을 채권을 가지고 있어 보아야 아무 소용이 없으니, 비현실적인 채권을 면제해 주는 것을 당근으로 해서 채무자의 파산절차에 대한 협력을 도모한 것으로 볼 수도 있습니다. 일부 회수 일부 면제는 일반적인 채권회수에도 인용되는 원리이기 때문입니다.

다음으로는 파산자를 파산절차 진행 후 경제적 무능력 상태로 세상에 방치해 보아야 경제적으로나 사회적으로나 위험요소나 될 뿐 전혀 도움이 되지 않는다는 '사회적 고려, 사회복지적 고려'가 있을 수 있습니다. 이는 아주 타당한 인간 이성의 발동이라고 할 수 있습니다.

마지막으로는, 면책제도에는 파산자 즉 '경제적으로 실패한 채무자의 인격과 인생을 존중하고 새로운 경제적 생활을 시작할 수 있도록 하는 인격적 배려와 인격적 존중'이라는 '은혜'적, '자비'적 측면이 있습니다. 구체적으로 채무초과 지급불능 사태에 빠져 인생의 비극에 직면했던 파산채무자, 회생채무자들에게는 이 점이 가장 감격적이고 의미 있고 '눈물을 닦아주는' 파산회생법의 가장 강력한 기능으로 작용합니다.

파산자가 파산선고로 인하여 상실했던 공법적·사법적 권리(예컨대 파산선고를 받은 사람에게는 공무원, 공증인, 변호사, 회계사 등이 될 권리가 없음)를 회복시켜 주는 파산법상의 복권(復權) 제도 또한 채무자의 새 출발을 법적으로 뒷받침해 주기 위한 제도입니다.

2.3.3. 회생 - 경제적·법률적 '부활'

면책과 긴밀히 연관되면서도, 면책 이상의 의미를 가지는 파산회생법의 제도는 '회생'입니다. 2006년도에 3개 도산법(회사정리법, 파산법, 화의법)을 개정 통합한 통합도산법('채무자 회생 및 파산 등에 관한 법률') 이전에는 회생이라는 용어를 쓰지 않고 '회사정리'라는 말을 써서 조금 부정적인 뉘앙스의 용어가 사용되었는데, 통합도산법이 채택한 '회생'이라는 용어는 매우 적극적이고 긍정적인 뉘앙스를 가지는 용어입니다.

'면책'이 다소 소극적으로 채무자의 '새 출발'을 허용하는 개념이라면, '회생'은 적극적으로 채무자의 '새 출발'을 가능하게 만들고 '새 출발을 한 채무자(기업/개인)의 경제적 활동의 열매로 채권자의 채권을 회수하려는' 공격적 개념의 제도입니다.

여러 가지 좋고 나쁜 up and down의 결과들이 있기는 하지만, 1997년 IMF 경제위기로 몰락했던 우리나라의 수많은 기업들이 회사정리절차를 통하여 재생하고 정상기업으로 부활한 것은 바로 이 '회생'절차에 의한 것이었습니다. '회생'제도는 회생계획의 수립, 회생계획에 대한 표결제도, 법원의 강제인가 제도 등 여러 가지 법적 장치와 법원의 후견적 역할 및 회생회사 M&A 제도 등을 통해서, 아주 적극적으로 기업의 회생과 재생을 도모합니다.

1990년대 말 IMF 경제위기를 통해서 엄청난 규모의 회생절차를 다루어 낸 우리나라의 도산법 실무를 통해서, 우리나라의 법원은 물론 변호사계와 기업계까지 엄청난 실무경험과 전문성을 보유하고, 언제든지 아무리 심한 경제적 위기라도 대처할 수 있을 정도의 실력을 갖추었다고 자부하게 되었습니다.

2.3.4. 면책과 회생의 마법 – 출자전환 및 회생회사 M&A

우리나라에서 1990년대 말~2000년대를 통해서 법원의 회생실무 및 금융채권단 주도의 '기업구조조정촉진절차(Work-Out)'을 통해서 널리 사용되고 가장 괄목할만한 결과를 낸 제도는, 출자전환(出資轉換)을 통한 부실기업의 재무구조 개선과 회생회사 M&A를 통한 기업의 재생입니다.

출자전환은 '회생회사에 대한 채권을 주식을 바꾸어 대물변제(代物辨濟)받는 것'인데, 이것은 '채권자의 초기 희생 내지 자기부인(自己否認)'을 통하여 비교적 건전한 회생회사의 재무구조를 획기적으로 개선함으로써, 회생회사의 원만한 M&A도 가능하게 합니다. 그리고 경기가 상승세일 때에는 기업의 성공적인 회생 후 출자전환한 주식의 주가 상승을 통하여 당초 채권의 액면가보다 더 많은 채권의 회수를 이루어내기도 하는 일종의 법률적 마술(legal magic)과도 같습니다. 토끼를 포기하고 버렸는데 어~ 하니 토끼가 다시 살아나는 것과 비슷합니다.

단순화시켜서 예컨대, 회생절차 개시 직후 5,000억원의 회생채무와 1,000억원의 자본과 2,000억 원의 자산을 가지고 있는 회사가 있다고 합시다. 이 회사는 도저히 채무초과(5,000억 원)2,000억 원) 상태를 벗어날 수가 없습니다. 그런데 이 중 1,000억원의 기존 자본은 어차피 채무초과 상태에서 재산적 가치가 없는 것이므로 전부 또는 대부분 소각(消却)해서 없애 버리고, 5,000억 원 중 자연적으로는 채권회수 가능성이 없어 보이는 3,000억 원의 회생채권을 1:1의 전환비율로 해서 주식으로 전환합니다. 출자전환 이후 이 회생회사의 회생채무는 2,000억 원, 자산은 2,000억 원으로 자산부채 비율은 이전의 5:2(250%)에서 1:1(100%)로 대폭 개선됩니다. 출자전환 직후 이 회사의 출자전환 주식의 가치는 '0' 원이지만, 개선된 재무구조 하에서 이 회사가 영업실적을 올려나가고, 거기에 경쟁입찰을 통해서 진행되는 회생회사 내지 워크아웃회사 M&A를 통해서 인수인의 자본이 투입되어 회생절차가 종료되고 정상기업으로 새 출발을 성공적으로 이루어내는 경우, 상당수의 회사에서 출자전환 주식의 가치가 당초의 채권 액면가를 상회하는 일도 벌어신 바 있습니다.

2.4. 긴장(緊張) - '빚진 자'와 '떼인 자'(정의의 올바른 배분)

이처럼 파산회생법은 파산채무자의 면책과 회생, 그리고 이를 위한 채권자 권리의 제한이라는 방향으로 발전해 왔습니다. 이 점은 급격하고 폭풍 같은 국제적 경제위기를 대응하는 현대 파산법의 경제적 기능적 발전 이상으로, 율법/법률 체계에 '은혜'와 '용서'의 개념을 도입한 획기적인 법철학적 발전이라고 생각할 수 있습니다.

상대적으로 채권자 보호의 측면이 강한 유럽의 도산법 제도에 비해서, 기독교 정신이 법에도 많이 스며들어 간 미국의 파산법은 '채무자의 보호', '새 출발의 보장'이라고 하는 점을 거의 절대적인 파산법 이념으로 합니다. 구체적으로 미국 연방파산법은 채권행사의 금지와 평등을 위반하여 파산채무자를 핍박한 채권자의 채권에 대해서는, 연방파산법원이 형평법(Equity Law)적 원칙에 따라 아예 담보채권을 무담보채권보다 후순위로 바꾸어버리는 응징(subordination)까지도 할 수 있도록 하고 있습니다. 즉 파산채권자, 회생채권자들은 미국의 파산절차에서 함부로 까불면 안 됩니다!

우리나라의 채무자회생법은 법률 조문상으로는, 미국 연방파산법에 비해서 채권자와 채무자 간에 더 균형된 취급을 추구하는 것처럼 보입니다. 그러나 IMF 이전부터, 그리고 IMF 이후 약 10년 동안 서울중앙지방법원 파산부가 매출기준 우리나라 5대 그룹이라고 불릴 정도로 엄청나게 많은 회생회사(정리회사)들을 법원이 선임한 관리인을 통해서 후견적으로 관리하면서 자연스럽게 발생한 법원의 채무자 편향성(bias)이라는 문제도 나타난 적이 있었습니다.

본래의 민사법 절차에서는, 채권자의 채권을 본인의 의사 없이 감경하거나 면제하는 것은 불가능한 일입니다. 그런데 파산법원과 정리회사(회생회사)는 구 회사정리법(현 채무자회생법)이 '채무자에게 부여한 예외적 권리를 당연한 것'으로 생각하고, 회사정리법의 구체적인 해석 및 운용을 최대한 '채무자 위주'로 처리하는 잘못된 선입관 내지 다소의 착오가 발생한 것입니다. 이 경우 채무자들은 '도산법에 의하여 은혜로 받을 수 있는 권리보다 더 많은 부당이득'을 당당하게 추구하려는 태도를 보입니다. 어차피 회사정리법은 '깡패법'이라고 하면서 정리회사는 '깡패'처럼 굴어도 좋다고 생각하는 정리회사들이 꽤 있었습니다. 그 결과 이미 채권을 강제로 탕감 당한 채권자가 거기에 더하여 추가의 손해를 압박받는 부정의가 상당 정도 발생했습니다.

필자 또한 회생사건 전문 변호사로서, 회생회사를 대리할 때에는 회생회사의 이익을 최대한 추구하고, 회생채권자를 대리할 때에는 채권자에 대한 공정한 취급을 눈물 나게 호소한 적이 많았지만, 대체로는 파산회생법이 지나치게 채무자 위주의 경향으로 운영된 느낌을 받습니다.

이것은 단지 필자의 '느낌'에 지나지 않는 것이 아닙니다. 2000년대 후반 이후 대부분의 부실기업 처리는 법원의 채무자회생법을 통해 법원의 도산법 절차로 이루어지지 않고 채권금융기관들이 직접 주도하는 법원외 기업구조조정촉진절차(워크아웃)절차를 통해서 이루어지고 있습니다. 이러한 도산실무의 '현실'은, 그동안 법원이 회생절차 운영에 있어서 보여준 채무자 편향성(bias)에 대한 반작용이 구체적으로 나타나고 있는 것이라 할 수 있습니다.

법원의 도산회생법 실무가 채무자 바이어스를 가지고 있다면, 채권금융단의 워크아웃절차에는 상당한 채권자 바이어스가 있고, 그 이상으로 '도산절차의 적법성 통제'가 이루어지지 않는다는 문제점이 있습니다. 따라서 채무자에 다소 호의적으로 운영되는 법원 도산절차와 채권자의 임의로 진행하는 법원 외 워크아웃 절차 간의 제도 경쟁은, 현실적으로 경쟁하는 두 제도의 존재를 인정하고 자율성과 적법통제성을 함께 추구할 수 있도록, 두 제도의 법률적 통합(integration), 즉 채무자회생법과 기촉법의 통합으로 해결되어야 한다는 것이 필자의 의견입니다.

3. 결론 - 하나님의 정의를 공평하게 / 채무자의 눈물도 닦아주고 채권자의 눈물도 함께 닦아주는 파산회생실무

성경적으로 본다면, '우리가 우리에게 빚진 자를 사(赦)하여 주는' 파산법과 회생법은 그야말로 가장 성경적인 훌륭한 법 제도입니다. 여기에는 이견의 여지가 없습니다. 파산회생법은 여러 법 중 가장 인간(채무자)에 대한 동정심과 긍휼과 자비심을 가지고 있고, 실제로 많은 경제적으로 망한 자들의 눈물을 닦아주는 기능을 다 하고 있습니다. 파산회생법의 '법률적 용서'에는 또한 기업과 개인의 경제적 회생을 통하여 경제 자체를 자극하고 활발하게 운용하게 하는 치료적 기능과 실용적 효율성 또한 매우 큽니다.

그러나 하나님의 명령, 예수님의 기도를 너무 단순하게 1차원적으로 해석해서 극단적으로 밀고 나가는 것은 위험합니다. 눈물은 채무자만 흘리는 것이 아니고 돈을 떼인 채권자도 흘리기 때문입니다.

주기도문 5번째 기도에 따라서 '우리가 우리에게 빚진 자의 빚을 사하고, 우리에게 죄지은 자의 죄를 용서해 주는 것'이 우리가 하나님께 지은 빚을 탕감받고 하나님께 지은 죄를 용서받는 전제조건임은 분명합니다.

그러나 그렇다고 해서 우리가 모든 빚진 자의 모든 빚을 무조건 다 탕감해 주는 것은 비현실적이고 비윤리적인 경우도 있습니다. 내가 땀 흘려 번 돈을 빌려 쓴 채무자에게는 무한하게 용서받을 권한이 있고, 땀 흘려 번 돈을 상실하고 거꾸로 궁핍에 처하게 된 채권자에게는 무한하게 용서할 의무만을 부과할 수는 없습니다.

하나님도 우리를 사랑하고 용서하지만, 우리의 죄는 심판하고 징계하십니다. 오죽하면 하나님 당신의 독생자인 예수님을 우리 대신에 처형하셨겠습니까? '은혜'가 '은혜 받는 자의 권리'로 인식되면 '은혜'가 아닌 '독'으로 바뀝니다. '용서'가 자발적이고 자원하는 마음에 의한 것이 아니라 강제되고 억울한 마음으로 아니면 비현실적이고 무리한 행동으로 이루어지면, '용서'는 '사랑'이 아니고 '강제된 고통과 고문'으로 바뀝니다. 영화 밀양에서 갑자기 너~무 성령충만해져서 자기 아들을 유괴하고 죽인 학원 원장을 용서해 주겠다고 용감하게 교도소에 면회 간 전도연(신애 역)이 '이미 자기 마음대로 용서를 받고 용서를 자기 권리처럼 주장하는 독실한 살인범'을 만나고서는, 남용된 용서가 죄인의 권리로 바뀐 뻔뻔스러움에 타격을 받고 완전히 정신 줄을 놓아버리게 된 것도 비슷한 원리입니다. 사랑과 공의의 변증법적인 긴장이 없는 사랑은 값싸고 위험한 사랑이고 사실은 사랑이 아닐 가능성이 큽니다.

같은 원리에서, 본래는 채권자의 질서정연한 채권회수를 위해 만들어졌다가 점차 채무자에 대한 사회적 고려와 은혜적 면책, 회생제도로 발전한 파산회생법에는, 그 기본취지가 아름답고 인간 사랑에 기초한 것을 넘어서, 채권자, 채무자, 회사, 주주 등 모든 이해관계자들 간의 공정하고 형평한 처리라는 숙제가 존재합니다. 이것은 실체적인 측면에서도 필요하고, 절차적인 측면에서도 필요합니다. 인간은 미숙해서 균형을 잘 잡지 못하고 이쪽이든 저쪽이든 한쪽으로 기울어지기를 잘 합니다.

경제적 위기가 발생했을 때, 그래서 채무자와 채권자가 동시에(경제적) 시험에 들게 될 때, 파산회생법과 파산회생실무는 채무자가 절망하고 넘어지지 않도록 채무자의 눈물을 닦아줌과 동시에, 자기의 피땀으로 형성한 재산

(채권)을 억울하게 허공에 날리게 되고 더구나 법률의 강제력에 의해 원하지 않는 채권탕감까지 강제적으로 감수해야 하는 채권자들, 특히 개인채권자들의 눈에 피눈물이 나게 하면 안 됩니다. 채권자 내에서도 힘이 더 센 금융기관 담보채권자들이 유리한 변제조건을 구하는 과정에서 힘이 약한 무담보 개인채권자들의 이익을 침해하는 경우도 있습니다. 저 또한 회생도산 소송과 실무를 하는 과정에서, 채무자를 대리할 때에는 법리적으로 채권자를 핍박하고, 채권자를 대리할 때에는 채무자를 핍박하고 담보채권자를 대리할 때에는 무담보 개인채권자의 권리를 압박한 적도 있었습니다. 도산법 이론과 법적 안정성의 견지에서는 모두 가능한 범위의 주장이었던 것 같지만, 승패를 내는 게임의 차원에서는 구체적인 정의 관념에 다소 반하거나 법적 기술로 상대방의 눈물을 흘리게 한 적도 있다고 생각됩니다. 변호사 일의 위험이기도 하지만, 돌이켜 반성하게 만드는 일도 꽤 있습니다.

하나님의 '사랑'과 '공의' 간의 긴장은, 파산회생실무에서 '채무자의 회생/부활(사랑)'과 '채권자의 정당한 권리보호(공의)'간의 긴장으로 존재합니다. 둘 사이의 긴장과 균형점 이동은 파산회생법의 해석과 적용과 입법개정을 통해서 예수님 다시 오실 때까지 무한하게 계속될 것으로 생각됩니다.

구체적인 인생 속의
구체적인 정의를 찾아가는 법

맺는글
구체적인 인생 속의 구체적인 정의를 찾아가는 법[37]

　제가 예수님을 믿은 것은 조금 늦어서 30대 후반의 일입니다. 저는 20대에 이상주의적 사회운동에 오랫동안 참여하다 그만두면서, 세상의 희망과 사람의 본성에 대해서 크게 실망하고 절망한 일이 있었습니다. 30대에 변호사를 시작한 후에는 매일매일 소시민적인 생업에 매달려 살면서, 사회적 정의를 추구하는 인권 변호사가 아니라 경제적 이익을 추구하는 물권 변호사로 살아가는 일에 답답함과 자조감을 느끼기도 했습니다. 미국의 로스쿨로 잠깐 유학을 갔던 시기, 펨피구스(Pemphigus)라는 이름의 고약한 자가면역성 피부병에 걸렸습니다. 이제 겨우 30대 후반인데 인생이 갑자기 거의 끝나버리게 된 것 같은 황망한 두려움, '내 청년의 날, 남아있는 인생에는 더 이상 아무런 낙이 없겠구나!'[38]라는 낙심과 한탄에 빠진 순간, 그 무렵 출석했던 교회의 성경공부 모임에서 다소 격렬한 신앙적 체험을 한 후, 하나님을 만나고 예수님을 믿게 되었습니다. 예수를 믿고 나니, 인생이 많이 바뀌었습니다. 믿기 전에는 인생이 한참 무거웠는데, 믿은 후에는 인생이 훨씬 가볍고 자유로워져서, 참 좋았습니다.

　처음 예수님을 믿었을 때 저는 변호사라는 직업이 '하나님의 의로움'과는 가장 거리가 먼 직업이라고 느꼈습니다. 제가 경험했던 변호사의 일은 '세상에서 벌어지는 돈과 욕망의 싸움을 거들어주고, 그 개평으로 수임료를 받아 사는 일'이라고 생각했기 때문입니다. 새로 만난 신앙의 기쁨과 열심으로 가득했던 초심자 시절, 저는 '사회적 정의'와도 거리가 멀어 보이고 '하나님의 의(정의)'와는 거의 무관해 보이는 세속적인 성격의 변호사 일을, 가능한 기회가 생기면 떠나버리고 거룩한 세계의 거룩한 일로 넘어가고 싶었습니다. 하지만 현실 속에서 먹고 살아가야 하니, 생활인으로서 하던 일을 계속할 수밖에 없었습니다.

변호사 일은 의뢰인의 돈을 받고 서비스를 제공하는 일입니다. 민·형사 재판의 당사자들이 변호사에게 보수를 주고 사건을 의뢰하는 것은, 자기 인생의 무겁고 무서운 짐을 함께 나누어져 달라고 변호사에게 돈을 주면서 부탁하는 일입니다. 그러니까, 변호사가 돈만 받고 일을 열심히 하지 않는 것은 제8계명을 위반한 도둑질과 마찬가지의 일입니다. 그런데, 변호사들도 보통 수십 건의 소송을 동시에 진행하고 있으니, 한 몸으로 수십 명 의뢰인의 인생의 짐을 나누어지려면 몸과 마음이 무척 고단해집니다. 그래서, 현실적으로 변호사가 괴로우면 사건(의뢰인)이 좋아지고, 변호사가 편하면 사건(의뢰인)이 괴로워지는 역함수의 관계가 생깁니다. 이것이 변호사와 의뢰인 간의 관계에서 발생하는, '구체적인 정의'의 갈등과 긴장입니다.

크리스천으로서, 변호사로서, 재판 일을 계속해 나가면서, 사회적 정의와도 거리가 멀고 하나님의 정의와도 거리가 멀다고 생각했던 변호사의 업무, 구체적인 '법률 일과 재판 일'에는, 의외로 사회적인 정의도 하나님의 정의도 깊이 연관되어 들어있다는 것을 서서히 깨닫게 되었습니다. 그것은 '구체적인 인생 속의, 구체적인 정의'였습니다.

이 세상은 분쟁으로 가득 차 있습니다. 사람들은 계속 다투고 싸웁니다. 모든 생활 현장에서, 직장에서, 가정에서, 시장에서, 사람들은 서로 다투고 미워하며 힘들어합니다. 사람들이 이웃을 내 몸과 같이 사랑하고(마태복음 22:39), 원수까지도 마구 사랑해 버릴 수 있다면(마태복음 5:44), 세상에는 싸움과 분쟁이 없을 것입니다. 그러나, 어찌할 것인가? 성경에 의하면 모든 사람은 다 죄인이니(로마서 3:10),[39] 근본적으로 우리 인간의 세상에서는 욕망과 이익의 분쟁이 멈출 수 없습니다. 사람들의 이익과 욕망은 집단적으로도 부딪치고 개인적으로도 부딪칩니다. 집단적인 다툼은 국가 간의 전쟁이나 보수와 진보 간의 정치적 경쟁으로 나타나고, 개인적인 다툼은 생활현장의 일상적 분쟁이나 민사적 재판으로 나타납니다. 사회적 정의를 국가나 계층 간의 집단적 정의로만 이해하는 것은 하나만 알고 둘은 모르는 일입니다. 사람들은 사회 전체의 정의를 위해서도 다투지만, 구체적으로 자기와 가족의 생존을 위해서는 더 심각하게 고민하고 치열하게 다툽니다. 사람들 간의 분쟁을 처리하는 방법으로 구체적인 인생 속의 구체적인 정의를 추구하는 민사법과 민사재판 제도가 없으면, 우리가 사는 세상은 훨씬 더 험악하고 위험해질 것입니다.

변호사로서 이십여 년간 수백 건의 재판을 경험하면서 제가 깨달은 사실은, 의외로 이 세상의 민·형사 분쟁에서 법적 진실과 구체적인 정의는 그렇게 단순하고 명쾌하지가 않다는 것입니다. 많은 경우 법적 분쟁의 당사자들은 사건의 진실과 정의를 일부분씩 나누어 가지고 있습니다. 예를 들어 봅니다. 한 사람이 사업상 도움을 받은 사람에게 수년 전에 상당한 돈을 주었습니다. 돈을 줄 당시에는 고마운 마음이 컸고, 돌려받을지 말지 언제 돌려받을지 생각이 조금 애매했습니다. 서로 믿는 사이에 서류는 만들지 않았습니다. 몇 년이 지나서 두 사람 사이가 틀어졌습니다. 서로 마음이 상해서, 돈을 준 사람은 빌려준 돈(대여금)을 돌려달라는 소송을 제기했습니다. 돈을 받은 사람은 그냥 준 돈(증여)을 왜 이제 와서 돌려달라고 하느냐고 항변을 합니다. 이 사건의 정확한 진실이 무엇인지는 아주 애매합니다. 돈을 받은 사람의 입장에서는 무상의 증여가 진실이고, 돈을 준 사람의 입장에서는 갚을 날짜를 정하지 않은 대여가 진실일 수 있습니다. 증거서류가 없으니, 대여의 가능성은 의문스럽지만 증여라고 볼 증거도 확실치 않습니다. 이처럼 많은 민사재판에서는 원고와 피고 간에 두 가지 버전의 진실이 경쟁하는 경우가 많습니다. 둘 다 거짓말을 하는 것이 아니고, 둘 다 억울한 것입니다.

'네 이웃의 것을 탐하지 말라(출애굽기 22:17)' 하나님이 사람에게 주신 십계명 중 마지막 제10계명의 내용입니다. 현실의 모든 분쟁은 이웃의 것을 탐하지 말라는 이 계명의 해석과 적용 문제로 이해할 수 있습니다. 이 계명처럼 우리가 타인의 것에 욕심과 탐심을 내지 않으면 세상의 민사적 분쟁이 모두 없어질까요? 그렇지 않을 것입니다. 문제는 '탐하지 말라'는 뒷부분이 아니라 '네 이웃의 것을'이라는 앞부분에 있습니다. 현실의 분쟁에서 사람들은 부당하게 '타인의 것'을 뺏으려고 욕심을 내는 것이 아니라, 모두 정당하게 '자기의 것'을 지키고 돌려받겠다는 생각으로 격렬하게 다툼을 하기 때문입니다. 결국 제10계명의 핵심은 주관적인 '탐심'이 아니라 '이 권리가 누구의 것인가, 나의 것인가 이웃의 것인가?'라는 객관적 '판단'의 문제로 귀착됩니다.[40]

창세기 2장과 3장에서 하나님은 사람에게 '선악을 알게 하는 나무의 과실'을 먹지 말라고 명하셨습니다. 법률가로서 바라보는 선악과 계명의 핵심은 사람에게 선과 악을, 진실과 정의를 정확하게 판단할 능력이 없고, 선과 악을 절대적으로 판단하려고 드는 것은 위험하다는 것입니다. 구체적 인생의 구체적 분쟁에서, 내가 생각하는 나의 권리가 절대적이고 흔들릴 수 없는 것이라고 과신하는 것은 '내가 선악과를 먹는' 잘못이고, 그렇다고 남이 주장하는 타인의 권리를 따지지도 않고 무조건 양보하는 것은 '남에게 선악과를 먹이는' 잘못이 됩니다. 그렇다면, 구체적 인생의 분쟁에서 구체적인 정의를 추구하는 현실적이고도 신앙적인 원칙은 무엇이 될까요?

예수님이 가르쳐주신 이중대계명의 두 번째 계명은 '네 이웃을 네 몸과 같이 사랑하라'는 것입니다.(마태 22:39) 이 계명의 내용은 무조건 자기를 버리고 이웃만 사랑하라는 것이 아니라, '자기를 사랑'하는 만큼 '이웃을 사랑'하라는 것입니다. 살아가는 일은 모두 '자기사랑'과 '이웃사랑'의 협력과 갈등으로 이루어져 있습니다. 모든 직업활동과 법적 계약의 내용은 나와 가족이 먹고살기 위한 돈을(자기사랑), 이웃에게 의식주의 물품이나 서비스를 제공하는 일(이웃사랑)을 통해서 번다는 것입니다. '자기사랑을 위해서는 이웃사랑을 해야 하고, 이웃사랑을 통해서만 자기생존이 가능하다는 것', 이것은 예수님 버금 계명의 참으로 신기한 현실적 실현이 아닐 수 없습니다. 내가 변호사로서 재판을 하면서 발견한 구체적 인생 속의 '구체적 정의'는 '이웃사랑과 자기사랑의 갈등과 긴장 속'에 있습니다. 이 정의는 마구 거룩하지도 않고 엄청 정의롭지도 않아 보이지만, 모든 사람의 인생과 생활을 지탱하고 채워나가는 우리들 인생의 가장 핵심적인 정의에 해당합니다.

우리 법률가들은 창세기에서 하나님이 금지하신 선악과를 먹고 선악을 판단하는 일로 먹고 사는 사람들입니다. 이것이 우리 법률가들의 원죄입니다. 세상의 동산 한 가운데에서 선악을 판단하는 법률가들의 직업에는 광채와 영광이 있습니다. 이 광채와 영광은 우리 법률가들을 선악과의 죄악으로 추락하게 만들 유혹이 됩니다.(창세기 3:6)[41] 한편 우리 법률가들은 또한 로마서 13장이 말하는 바 '하나님이 주신 세상의 칼'을 담당하는 사람들입니다. 예수님이 재림하실 때까지 세상의 질서를 유지하고 이 세상이 인간 사이의 다툼과 폭력으로 인한 무간지옥으로 빠지지 않게 할 거룩한 사명이기도 합니다. 선악을 판단하는 일을 하면서 선악과의 실낙원에 빠지지 않는 것, 이것이 우리 법률가들의 숙명입니다.

성경에는 법에 대한 말씀들이 많지만, 법과 신앙의 관계에 대한 체계적인 설명은 존재하지 않습니다. 그러니까, 솔직히 말해서 우리 크리스천 법률가들은 유식하기도 하고 다소 무지하기도 합니다. 우리는 법률에 대해서도 유식하고, 각자 신앙에 대해서도 나름 주관이 있습니다. 그러나, '내가 아는 법률과 내가 믿는 신앙의 관계'에 대해서, 우리 법률가들은 대체로 아마추어적이거나 즉흥적입니다. 성경에 있는 금지명령 중의 특정한 한 두 가지가 '기독교 신앙과 법률과의 관계'를 다 설명하거나 그 중심 내용이 될 수는 없을 것입니다. 이러한 견해는 법도 왜곡시키고 신앙도 왜곡시킬 위험이 큽니다. 구약성경과 신약성경을 통틀어서 하나님이 우리 인간들에게 주신 가장 큰 세 가지 신앙적 강령, 예수님의 이중대계명과 주기도문, 그리고 구약의 십계명이 우리가 법률과 기독교 신앙의 관계를 총체적으로 해명하고 온전하게 인식할 기준이 될 수 있습니다.

일반적으로 신앙은 주관적인 세계를 다룬다고 생각하고, 법률은 객관적인 세계를 다룬다고 생각합니다. 이것이 주관 세계를 다루는 신앙과 객관 세계를 다루는 법률 간의 연구를 가로막거나 방해하는 장애물처럼 여겨집니다. 그러나 성경의 삼대 강령, 즉 십계명과 이중계명, 주기도문에는 모두 주관 세계와 객관 세계를 연결하는 강력한 고리가 존재합니다. 예수님의 이중계명 중 버금가는 계명인 '이웃사랑의 계명'은 우리에게 주관적인 이웃사랑뿐만 아니라 객관적인 이웃사랑도 요구합니다. 주기도문 중 뒷부분 세 개의 '인생 기도(인생 청원)'는 우리의 주관적인 심리뿐만 아니라 객관적으로 먹고 살고 서로 다투고 싸우며 악을 행하는 우리 인생의 객관적 문제들에 대한 기도입니다. 십계명 중 두 번째 돌판[42]의 여섯 계명(제5~10계명)은 가족생활과 사회(국가)생활과 경제생활에 대한 객관적인 계명입니다. 필자는 이 책의 여러 글들에서 위 세 가지 인생 강령들을 근거로 해서 헌법과 민법, 형법과 재판법 등 우리가 다루는 현실세계의 법률과 우리가 믿는 기독교 신앙의 깊고 넓은 관계들을 해명해 보려고 했습니다.

우리의 신앙적 사명은 죽어서 나 혼자 천국으로 가는 것이 아니고, 주기도문 세 번째 기도처럼 '하나님의 뜻이 이 땅에 이루어지도록' 열심히 기도하고 진지하게 실천하는 것이라고 믿습니다. 우리나라에는 진지한 신앙을 가진 성실한 법률가들이 매우 많습니다. 법원, 검찰, 재야와 학교에 있는 크리스천 법률가 선배, 후배, 동료 여러분들과 함께, 믿음으로 법을 해석하고, 법으로 믿음을 주석하면서, 우리가 하나님과 세상에 대해서 맡은 이 땅의 사명을 온전하고 충만하게, 함께 수행해 나가기를 기도합니다.

법과 종교와 혁명

법과 종교와 혁명의 관계에 대한 연구 및 묵상 메모

(해롤드 버만 저서 *Law and Revolution* 정리 및 검토)

법과 종교와 혁명[43]

1. 질문의 설정

가. 법과 혁명의 관계:

  - 질서를 유지하려는 법과 / 질서를 파괴하려는 혁명 사이의 대립과 합력

나. 법과 종교의 관계:

  - 땅의 일을 다루는 법과 / 하늘의 일을 다루는 기독교 사이의 대립과 합력

다. 혁명과 종교의 관계:

  - 새 땅을 만들려는 혁명과 / 하늘을 추구하는 기독교 사이의 대립과 합력

라. 한국의 법/혁명/종교와 서구의 법/혁명/종교

마. 종교개혁의 법적 배경과 법적 영향에 대한 역사적/현실적 고찰

2. 토론의 전제

가. 한국 전통의 단절과 서양 전통의 계수(繼受, adoption)

- 법의 계수: 한국법은 독일/일본을 통해서 계수된 서양법. 고려나 조선 왕조의 법과는 사실상 무관

- 혁명의 계수: 한국의 민주주의 혁명-프랑스혁명/미국혁명의 입헌 민주 공화국 모델의 연장

- 종교(기독교)의 계수: 한국의 기독교도 서양의 기독교가 18-19세기 이후 전달된 것

나. 서구의 법과 혁명과 종교를 참조해야 하는 현실적 필요성

- 한국법(헌법/민법/형법/소송법)의 역사적 근원과 구체적인 맥락을 알려면 한국법제사가 아닌 서양법 역사를 알아야 함(조금 답답하지만.., 할 수 없다!)

- 한국기독교의 역사적 근원 및 종교와 혁명/법률 간 상호작용도 서양역사를 참조해야 함

다. 토론의 자료

- Harold J. Berman, *Law and Revolution*, 1권; The *Formation of the Western Legal Tradition*(Cambridge: Harvard University Press,

1983) 2권; *The Impact of the Protestant Reformations on the West-
ern Legal Tradition*(Belknap Press, 2006)[44]

- 법사학자의 입장에서 서양법전통을 6개의 종교적/비종교적 혁명과의
  연관 속에서 연구
- 특히 12세기 교황혁명(교황개혁)과 16세기 독일혁명(루터개혁) 및 17
  세기 영국혁명(청교도혁명)이라는 세 가지 종교적 개혁을 각각 그 사
  회적 혁명으로서의 성격 및 서양법전통의 형성이라는 현실적 맥락에
  서 설명
- 법과 기독교, 법과 혁명(정치)의 상호관계/상호작용에 대한 이해를 통
  해 종교개혁의 객관적 상황과 현실적 의미를 파악하는 데 도움 – 종
  교개혁의 신비화 경계

3. 법의 기본구조에 대한 이해

가. 자연법과 실정법

- 자연법: 하나님이 주신 법. 자연/이성이 주는 기본원리. - 연역적. 선험
  적 - 천부인권
- 실정법: 인간의 현실에서 주권자(권력)가 제정한 법. - 귀납적. 경험적 -
  맹목성?

나. 민법과 형법과 헌법(공법)의 기본체계

[민법]

경제생활 - 물질(동산/부동산)	- 소유권(개인)	- 물권법(자기사랑)
- 물물교환/시장	- 계약(상호관계)	- 채권법(이웃사랑)
- 권리침해	- 손해배상(한계)	- 불법행위법(자기부인)
- 가정/신분	- 부자/부부/상속	- 가족법
- 회사/법인	- 단체적 질서/권리의무	- 상법/단체법(근대)

[형법]

생명 등 - 생명/신체 침해	- 신체적 법익(기본)	- 형법
- 재산 침해	- 재산적 법익(2차)	- 형법/특별법
- 사회질서 침해	- 사회적 법익(3차)	- 행정법/특별법

[공법]

공동체	- 국가구조 + 기본권	- 국가의 최고법	- 헌법
	- 행정절차 및 행정쟁송	- 국가/시민의 상호작용	- 행정법
	- 시장질서/경제질서	- 시장의 자유 및 제한	- 경제법
	- 공동체의 운영	- 세금 및 지출	- 세법 / 복지법
	- 분쟁의 해결	- 재판의 운영, 집행	- 민사/형사소송법

다. 칼빈 - 구약의 세 가지 법

- 도덕법(Moral Law)   - 신약시대에도 유효

- 의식법(Ceremonial Law)   - 예수님 이후로는 무효

- 시민법(Judicial Law)   - 각 나라에 주신 양심(롬 2장)

(칼빈, 기독교강요 제4권 제20장 국가통치 14절)

4. 법과 혁명의 관계

가. 두 가지 관점

(1) 법실증주의(Legal Positivism): 법과 질서 / 법은 지켜야 의미가 있다
(실정법주의)

- 법을 파괴하는 혁명은 법적 악(惡)(동양-법가(法家), 성경-로마서 13
장)

(2) 자연법주의(Natural Law Theory): 자연법에 반하는 실정법은 무효

- 자연법에 기반한 저항권/혁명 인정(맹자-順天者存 逆天者亡, 성경-요
한계시록 13장)

나. Harold J. Berman의 역사적/종합적 관점:

- 역사법학(Historic Jurisprudence) + 자연법주의 + 법실증주의의 요소
가 다 존재

(1) 법과 혁명의 진화(Revolution and Evolution)

- 법의 유기적 발전에는 혁명적 변화와 점진적 변화가 둘 다 필수적
(Berman, 2권 3면)

(2) 왜? ☞ 법의 목적에는 본질적으로 두 가지 대립하는 요소가 있기 때문
(1권 21면)

- '질서'의 유지 : 실정법주의를 통한 법의 진화(Evolution)

- '정의'의 실현 (Revolution) : 자연법주의

(3) 더구나! ☞ '질서' 내에도 대립하는 긴장이 존재(1권 21면)

  - '변화'의 필요성 vs. '안정'의 필요성

  - 역사의 변화 속에서 "안정만으로는 질서가 유지될 수 없다"

  - 세대와 세기를 거치면서 혁명을 통한 새 법질서의 형성 필요

(4) 뿐만 아니라! ☞ '정의' 자체 내에도 변증법적인 긴장이 있다

  - 개인의 권리 vs. 공동체의 복지(1권 21면)

  - 천년왕국적 이상주의 + 현실적 적합성 = 성공한 혁명의 양대 필수요
    소(1권 26면)

다. 서구혁명의 패턴: 법체계(Legal System)는 파괴하지만 법전통(Legal
Tradition)은 유지

(1) 유럽 혁명의 특징/전형(1권 19면)

  - "대규모 변화의 시기" – 사회 시스템 전체에 대한, 근본적/폭력적/지
    속적 변화

  - "정통성의 추구" – 근본법(fundamental law)에 기초 / 현격한 과거의
    황금시대의 재생 / 종말론적 미래의 구현

(2) 혁명과 법체계와 법전통의 관계(1권 19면)

  - 모든 혁명은 최종적으로 '새로운 법체계'를 형성하는데 / 이 새로운 법
    체계는 그 혁명의 주된 목적을 구체화하고 / 새로운 법체계는 법전통
    을 변화시키지만 / 그 새로운 법체계도 궁극적으로는 그 법전통 속에
    존재한다.

(필자: 러시아혁명은 기존 법체계를 파괴하는데 그치지 않고 법전통 자체에서 이탈한 것/ 법전통 자체를 없앤 것이 그 실패/붕괴의 핵심적 원인 중 하나)

(3) 혁명의 정착은 한 세대 이상의 기간을 요구

- 혁명은 구 법체계를 파괴/새 법체계 소개하기 위한 초기의 폭력적 국면뿐만 아니라

- 새 법체계가 뿌리를 내리기 위해 소요되는 한 세대 이상의 기간을 포함한다.(1권 20면)

라. 적용: 한국의 민주주의 혁명: 명목적 민주주의 헌법(1945) ☞ 실질적 민주주의 혁명(1980-1987) ☞ 민주주의 법제도의 실천적 적용(2017) ⇒ 1세대~2세대에 걸친 혁명.

5. 서구법 전통을 형성한 "여섯 개의 혁명"
– *Reformation of the World*(Berman, 2권 4면)

가. 기독교적 혁명

① 교황혁명(그레고리 교황개혁) 1075-1122: 교황국가와 세속국가 분립

② 독일혁명(루터 종교개혁) 1517-1555: 교황국가의 폐지와 종교개혁

③ 영국혁명(칼빈 종교개혁) 1640-1689: 절대군주제 폐지, 청교도혁명-
신앙의 자유, 입헌군주제(1권 18면)

☞ 위 세 혁명은 기독교의 이름으로 한 혁명

☞ Biblical vision of "a new heaven and a new earth"(2권 4면)

나. 이신론적 혁명(Deist Revolution)

④ 미국혁명(미국 독립) 1776-1783: 입헌공화국, 권력분립, 정교분리

⑤ 프랑스혁명 1789: 왕정폐지/민주주의, 인권선언-이성/자유/평등/박
애

☞ 이 두 혁명은 이신론(Deism)의 이름 또는 인간 이성의 이름으로 한
혁명

☞ Deistic or Secular version of "a new earth"

다. 무신론적 혁명 (Atheist Revolution)

⑥ 러시아혁명 (공산주의 혁명) 1905-1917: 천년왕국주의의 세속 버전 secular millenialism, 경제적 평등주의, 집단주의, 계급철폐 - 20세기 말에 붕괴

☞ 러시아 혁명은 무신론(atheism)의 이름으로 한 혁명 / 체제붕괴 - 서양법전통에서 탈락

☞ Secular and Atheistic Version of "a new earth - the last paradise"

6. 혁명과 종교 (1) – 질문의 성격

가. 질문: 혁명과 기독교? ☞ 세상과 기독교의 관계

  (1) 단답형으로 모범정답을 낼 수 없는 문제

  (2) 성경: 사도행전 1:6-8의 사도들의 질문과 예수님의 부답(不答)

    - 제자: 그들이 모였을 때에 예수께 여쭈어 이르되 주께서 이스라엘 나라를 회복하심이 이 때니이까 하니(행 1:6)

    - 예수: 이르시되 때와 시기는 아버지께서 자기의 권한에 두셨으니 너희가 알 바 아니요. 오직 성령이 너희에게 임하시면 너희가 권능을 받고 예루살렘과 온 유대와 사마리아와 땅 끝까지 이르러 내 증인이 되리라 하시니라(행 1:7-8)

  (3) 기독교는 종말/말세(end-time/eschaton)의 종교 – "새 하늘과 새 땅"(계시록 21:1-5)

  (4) 종말의 새 하늘(new heaven)과 새 땅(new earth)이 언제/어디에서 이루어지나?

    ☞ 신학적 정답을 제시하면서 논쟁을 벌이는 것보다

    ☞ 기독교 역사 속에서 현실적/경험적으로 나타난 태도/입장의 흐름을 파악할 필요

나. 종말의 현세성(기독교적 혁명)에 대한 기독교 역사의 네 가지 흐름

☞ 기독교의 종말론과 현세적 혁명/개혁의 관련성

(1) 현세성(기독교적 혁명)을 전적으로 부정하는 태도 - 세상 "밖"의 기독교

　① 종말의 전적인 내세성: 어거스틴의 두 왕국 이론(~11세기)

(2) 새 땅의 현세성(기독교혁명)을 전적/부분적으로 인정하는 태도

　☞ 땅에서의 고도/위치에 따라 위쪽 방향, 중간 방향, 아래 방향의 세 가지 기독교적 태도가 나타났다고 관찰할 수 있다(필자)

　① 위쪽 방향: 기독교왕국의 실현 - 그레고리 교황혁명의 두 칼 이론 (11~12세기) - 세상 "위"의 기독교

　② 중간 방향: 독일혁명과 영국혁명의 종교개혁 - 루터의 두 왕국 이론 + 소명이론(16-17세기) - 세상 "옆"의 기독교

　③ 아래쪽 방향: - 세상 "아래"의 기독교

　　- 천년왕국주의(Millenialism) - 현세에서 새 땅을 실현(중세~독일 농민전쟁)

　　- 세속적 천년왕국주의 - 맑시즘의 무신론적 종말론(19C-20C말)

　　- 해방신학계열 - 해방신학(남미)/흑인신학(북미)/민중신학(한국) (20C후반)

　☞ 역사 속에서 이 네 가지 흐름이 언제, 어떻게, 왜 나타났는지를 구체적으로 관찰할 필요!

7. 혁명과 종교(2): 내세지향적 기독교(~11세기)
– 세상 "밖"의 기독교(Two Kingdom Theory)

가. 11세기 이전의 기독교 – 내세적 신앙(Otherworldly Faith) – 어거스틴
   의 두 왕국 이론

   (1) 동·서방교회 공히 가르친 내용 – 두 왕국 이론, 말세의 비현세성(이하
      1권 27면)

   (2) 마지막 때(end-time)는 이 세상(물질적 세계)의 것이 아니고 영적 세
      상의 것이다.

      – 마지막 때는 역사적 시간이 아니고, 영원에 있다.

   (3) 어거스틴의 지상왕국은 영원한 쇠퇴과정 – 세속세상에는 구원의 희
      망이 없으며, 영적 세계를 위해서 포기될 뿐

      – 플라톤 철학(영육이원론)의 강한 영향 – 육체(물질-땅)는 영혼(이데
      아)의 감옥

   (4) 따라서 ☞ 어거스틴과 교회는 대체로 지금/여기에서(here and now)
      사회/정치/경제적 질서를 변화시키려는 혁명적인 천년왕국주의에
      반대하는 태도를 나타냄

   (5) 기독교인들의 개인적/인류적인 거듭남은 영원한 영혼에만 관련된 것
      으로 '이 세상에 대해서 죽는(dying to the world)' 수도사적 삶(mo-
      nastic life)에서 최고도로 실현된다고 봄

나. 사회정치적 배경

(1) 콘스탄티누스 황제의 기독교공인(313년) 이전 - 당연히 내세 중심의 신앙

(2) 어거스틴(353~430)의 신국론(The City of God) - 이교도에 의한 서로마제국의 멸망 무렵에 쓰인 것으로 어거스틴의 현세에 대한 비관적/절망적 견해가 강하게 반영됨

(3) 서로마제국 멸망 후 기독교의 게르만족 전도 초기에도 기독교는 내세적 종교로 제시됨 - 성찬이나 종교적인 사안 이외에 현실적인 군사적/정치적/경제적 권력투쟁에 대해서는 언급하거나 간섭할 것이 별로 없었을 것(1권 27면)

(4) 레오 3세 교황에 의한 샤를마뉴 대제의 대관식(800)을 통해서 로마교회과 세속 황제권의 동맹관계가 형성되었으나, 서방교회에서 각 지역의 주교 서임권(Investiture)은 황제/왕/영주에게 귀속되어 로마교황청의 현실적 권력이 그렇게 강하지는 않았음

다. 적용: 세속 권력과 무관하거나, 세속 권력과 타협 또는 세속권력의 보호를 통해서 내세지향적 신앙생활을 추구하는 태도는 오늘날에도 기본적으로 기독교인들의 신앙생활의 주도적 흐름을 차지하고 있다고 보임

8. 혁명과 종교(3) – 교황혁명과 현세적 기독교왕국
– 세상 "위"의 기독교(Two Sword Theory)

가. 11C말-12C의 교황혁명(개혁) – 지상의 기독교왕국 (Earthly Christendom)의 개념

   (1) 교황과 황제는 하나님(예수님)의 지상 대리인이다.

   (2) 교회가 내세의 하나님 통치뿐만 아니라 현세의 하나님 통치도 대리/
      대행

   (3) 하나님의 칼을 분점

     – 영적인 칼은 교황이 관장 / 세속적인 칼은 황제가 관장

나. 교회는 근대적인 교황국가를 형성해서 지상의 기독교왕국을 황제와 분점하여 다스림-두 검 이론(Two Sword Theory)

다. 하늘과 땅을 연결/종합시키는 토마스 신학의 전개

   ☞ 영원법(신법) ⇒ 자연법 ⇒ 인정법(人定法, 실정법)

   ☞ 현세와 내세의 연속적 전개(보속(Penance) - 연옥(Purgatory))

   ☞ 현세 긍정 태도: 아리스토텔레스철학의 영향: 물질(땅) 속에서 가능성
     이 현실성으로 발전

라. 평가

    (1)(긍정적) 기독교왕국과 교회국가를 통한 하나님 통치의 실현이라는 적극적 관점으로

       - 기독교의 원리를 세상과 현실 속에서 실현하고 실천하려는 진지한 노력을 전개

    (2)(부정적) 하나님의 지상대리인으로 자처한 두 개의 검인 교황/교회국가와 황제조차도 인간의 죄와 악을 벗어날 수 없으므로

       - 시간이 갈수록 교황/교회국가도 황제 통치권도 타락 및 왜곡을 면하지 못함

       ☞ 종교개혁과 시민혁명을 요청하게 됨

    (3) 철학/과학은 신학의 하위, 세속국가는 교회국가에 열등하다는 시각 - 인간 지식의 발전과 충돌하고 억압함

    (3) 기독교왕국적/신정국가적 통치의 양면성

       - 기독교적 가치의 법률/정치/사회적 관철/침투

       - 신앙의 폭력적 강요 - 스페인 종교재판소

마. 현실에 대한 적용 - "기독교왕국"적 관점 - 세상을 지배하는 기독교

    (1) 기독교적 가치를 세상에 먹이려는 태도 - 교회의 기관적 이기주의로 나타날 위험

    (2) 기독교적 가치를 세상에 무비판적으로 적용할 경우 - 사회적 정의를 배척/침해할 위험

    (3) 교황혁명의 신학은 계시와 이성 간의 조화/연결을 추구했으므로, 요

즘의 근본주의적 기독교왕국 개념만큼 무모하거나 위험하지는 않은
것으로 보임

9. 혁명과 종교(4) – 종교개혁과 교회국가의 폐지
– 세상 "밖" & "옆"의 기독교

가. 루터 종교개혁의 배경 – 교황혁명 비전 – '두 검 이론'의 후퇴/쇠락(2권 5-6)

(1) 교황혁명의 비전은 대립항들의 변증법적인 화해였다. 영적인 것과 세속적인 것, 교황권과 황제권, 사제와 평신도

(2) 이 비전의 성패는 사제들이 신실하게 영적 검(Spiritual Sword)를 사용하고 황제/왕/영주들이 세속 검을 책임감 있게 사용하는데 달려있다.

(3) 그러나 시간이 갈수록 교황혁명의 '두 검 이론'의 이상은 심각한 손상을 입게 된다.

– 14-15C 영적권력/세속권력이 모두 타락 – 교회권력/세속권력에 대한 폭발이 임박해짐

나. 16세기 독일혁명 / 루터 종교개혁 다시 두 왕국 이론으로(2권 6-7면)

(1) 루터의 1517년 종교개혁 선포

– 교회국가의 폐지 (교회 재판권도 폐지)

– 교회는 법을 만들고 집행하는 기관이 아니다.

– 교회는 믿는 자들의 보이지 않는 교회이고, 모든 믿는 사람들이 사제

들이다.

- 개인이 각자의 믿음으로 하나님에게 대답을 한다(개인주의적 신앙)

- 법을 만들고 집행하는 기능은 세속군주와 관리들에게

(2) 두 왕국 이론(two Kingdom Theory)으로의 전환

- 보이지 않는 교회에서 만인제사장인 성도들은 - 하늘의 왕국(heavenly kingdom)에 속하고/ 복음에 의해서 다스려진다

- 이 세상(기관으로서의 보이는 교회를 포함)은 - 땅의 왕국(temporaary kingdom=earthly kingdom)에 속하고 / 법률에 의해서 다스려지며/ 크리스천 군주들과 관리들의 전속적 관할이다.

(3) 법/행위는 하늘의 왕국-교회/신앙의 중심(1차) 주제에서 축출됨

- 구원은 선행이 아니라 오직 믿음에 의해서만 이루어짐

(4) 법/행위는 부차(2차)적으로 땅의 왕국에서 세속 권력자의 실정법과 십계명의 윤리법으로 하나님의 숨어 있는 현존을 반영

법의 세 가지 기능(Lutheran "uses of law")

1) 윤리적 원칙을 통해서 죄인들이 자신의 죄를 깨닫고 회개하도록 하는 기능

2) 처벌의 위협을 통해서 죄인들이 반사회적 행위를 하지 않도록 하는 기능

3) 법원칙/절차를 통해 의인들이 정의/공동선의 길을 따라 살도록 교육/인도 기능

다. 평가

(1)(긍정적 측면) 교회국가 폐지 - 교회가 땅의 왕국을 다스리고 지배하는 과정에서 타락하고 오염된 것에 반발, 교회를 땅에서 분리하여 다시 하늘의 거룩함을 추구하도록 한 것

(2)(부정적 측면) 교회/기독교 신앙의 현세적 의미 소멸/또는 크게 축소 - 비사회적 기독교로의 후퇴

(3)(객관적) 권력의 세속국가로의 집중 - 세속군주들의 이익, 세속국가/법의 독립적 발전

(4) 교황혁명은 세속황제권과 다투면서 세상을 "위"에서 직접 다스리려고 했다면, 루터개혁은 세속군주권을 강화하면서, 군주와의 연합/보호 하에 "옆"에서 다스린 셈

10. 법과 종교혁명
- 교황혁명과 법의 발전(Berman 1권 85-119면)

가. 교황혁명의 배경(11세기 이전의 서유럽)

(1) 황제가 자신을 그리스도의 대리인(Vicar of Christ)이라고 주장. 교황은 베드로의 대리인(Vicar of Peter)으로 호칭.(당시의 황제는 비중앙집권적인 제국의 정신적/상징적 지배자 같은 성격 ≠ 근대 중앙집권 국가의 황제/왕)

(2) 황제/영주들이 해당 지역의 사제를 서임(敍任, invest)

- 성직매매, 성직자결혼 성행 - 지역영주들과 친인척관계

- 로마주교=교황의 실질적인 힘은 매우 취약했음

(3) 황제/봉건 국가는 세속성과 종교성이 분화되지 않고 혼합된 상태

나. 교황혁명의 전개

(1) 교회(사제)의 국가(황제/영주)로부터의 자유 선언

(2) 1075 그레고리 7세 교황의 교황교서(Dictatus Papae)-교회우위선언/ 황제 서임권 배척

(3) 당시 신성로마제국 황제 하인리히 4세와 충돌/ 교황의 황제파문/ 카놋사 굴욕 1077년

(4) 1122 보름스협약으로 타협: 사제 서임권은 교황, 황제가 사제 서임에

참여할 권한

다. 교황혁명의 결과 - 법체계의 발전, 법전통의 형성

(1) 교회국가의 형성 - 최초의 근대적 국가 출현

- 독립된 주권 / 독립된 입법권(교황)/ 법을 집행할 행정적 위계질서 / 법을 판단할 교회법원(Papal Curie) / 일관된 법체계

(2) 근대적 법체계의 출현 - Canon Law

- 최초의 대학/로스쿨- 볼로냐 대학에서 Canon Law 와 로마법 연구 및 교육

- Canon Law는 일반적으로 '교회법'이라고 번역되지만, 역사적 맥락에서 11세기 교황혁명 이후 발전된 캐논법은 절차법적으로나 실체법적으로나 그 범위가 더 넓다.(따라서 이하 Canon Law는 고유명사로서 그대로 사용한다)

- 최초의 전문적 법률가집단 탄생 - 유럽 각국/ 각 영주들의 관료 역할 수행

(3) 세속국가의 출발

- 종교적/영적 기능으로부터 벗어난 세속국가의 출발

(4) 다원적 재판 관할권을 통한 법체계의 충돌과 발전

- 교회 재판 관할과 세속 재판 관할(Ecclesiastical and Secular)

- 황실 관할, 봉거 관할, 장원관할, 도시 및 상사 관할(Royal and Feudal, Manorial, Urban, and Mercantile)

(5) 정치적 권력에 대한 법의 우위(Supremacy of Law over Political pow-

er): 법을 이용한 지배(Rule by Law)에서 법의 지배(Rule of Law)로

- 처음에는 주권자가 다스리는 수단으로서의 법

- 나중에는 법제정권자조차도 구속하는 법원리로서의 법

- 근대 민주주의 법치국가 법원리의 기초가 형성됨

라. 교황혁명 - 법학(Legal Science)과 Canon Law의 발전

 (1) 유럽 대학에서의 법학 발전(1권 120-164면)

  - 볼로냐 대학(11세기-세계 최초의 대학)의 로스쿨 - 유럽 전역에서 1천 명 내지 2천명의 학생들이 법을 훈련받음

  - 교회 내에서, 그리고 여러 왕국 내에서 법의 우위성은 또한 12세기부터 교회법과 세속법 모두에 대해 전문적으로 훈련된 변호사, 판사, 법학사들의 등장으로 뒷받침되었다.

  - 6세기 동로마 유스티니아스 황제에 의해서 편찬된 로마법은 5세기 후 교황혁명의 정점에 서구에서 재발견되어 스콜라주의라고 불리는 새로운 학문방법론(분석과 종합을 통해서 권위 있는 문헌들 간의 모순 대립을 화해/해결하고, 그 문헌들 속의 다양한 법령과 사례를 통해서 일반적인 개념을 추출하는 방법)을 분석되고 종합되었다.

 (2) 교회법 Canon Law - 최초의 근대적 법체계

  - 교회국가의 정부구성: "단체법(Corporation Law)" 적 성격 - 민주주의적 단체조직 원리(1권 215면)

 - 교회법정의 관할권 :

  - 인적 관할 - 사제계급

- 물적 관할 - 결혼법/ 상속법/ 재산법/ 계약법 -세속 평신도에 대한 물적 관할 분점은 왕정의 정치윤리적 독재로부터의 자유를 보장하는 의미가 있음

-교회법원의 물적 관할은 세속법의 발전에도 기여

- Canon Law의 결혼법 - 교회의 권력 강화에 기여(헨리8세의 이혼사건-성공회 분리)

- Canon Law의 상속법

  - 당시 상속관습 상속재산 3분 - 황제 1/3, 상속인 1/3, 교회 1/3

  - 좋은 쪽으로는 교회재산을 통해 빈민구제 등 선행의 재원으로 쓰인 효과도 있으나, 결과적으로는 교회 재산이 전 유럽 토지의 1/3~1/4 정도를 차지해서(1권 237면), 사제들의 봉건영주화, 교회의 물질적 타락을 촉진하는 효과도 존재

  - 교회법이 상속법/유언법의 풍부/세밀한 발전에 기여

- Canon의 재산법

  - 교회에 대한 재산 사용권 부여, 신탁 설정, 재단 설립

  - 토지사용권/신탁법/ 인적, 물적 법인에 관한 법체계 발전

- Canon Law의 계약법

  - 신앙적 서약이 결부된 계약관계에 대한 물적 관할을 가짐

  - 로마법은 유형계약(form)을 강조- Canon Law는 계약의 원인(cause)을 강조

  - 고리대금 금지 관련 이자법을 발전시킴 - 물품판매이익, 무역금융거래 이익 중 금지되는 고리대금이 아닌 것들을 분리시킴 - 도시법/상업

법의 발전에 기여

- 교회법원의 소송법(절차법)

 - 교회법원의 소송절차 성문화, 소송제기 및 판결문은 문서로 하게 함

 - 증언에는 선서를 필수로 함

마. 교황혁명 - 성속의 분리를 통한 세속법체계의 발전

　　- 교회/종교에서 분리된 세속영역의 다양한 정체와 법체계의 경쟁적

　　　발전(이성과 양심에 기초해서)

　(1) 봉건법(Feudal Law)

　　- 영주-봉신 관계, 봉신의 토지보유권(봉록)

　　- 영주와 봉신 관계의 상호대가성 - 점유권 개념의 발전 - 하나의 토지

　　　에 경합하는 여러 권리의 병존

　　- 참여적 재판절차: 봉건 법정은 영주가 주재하지만 봉신들에 의해서

　　　판결 - 서구 배심재판 제도의 뿌리

　(2) 장원법(Manorial Law)

　　- 영주-농민(농노) 관계

　　- 상호적 대가관계: 영주 보호⇔농민은 장원내 영주 지분의 토지 경작

　　- 영주의 농민 보호, 농민의 자유도시로의 도피를 통한 해방(이민법)

　(3) 상사법(mercantile law)

　　- 농업 잉여생산의 증가, 내륙 무역의 성장, 농업생산의 증가.

　　- 교회법의 상업반대 경향 - 고리대금 금지 vs. 교회법의 현실 인정 - 정

　　　당한 이익 인정 및 상업길드의 조직 - 상업길드는 현실적 사업수행 및

종교적 사명 추구

- 상사 법률의 발전 - 대리인 제도, 십자군 전쟁 이후 - 해상법, 시장의 흥행 - 정착도시로의 발전, 약속어음, 유가증권 발전, 회사 출현

- 독립적인 상사법원의 출현(courts of market and fairs), 외국 상인도 동일하게 법률적으로 보호, 상인길드법원도 등장

(4) 도시법(Urban Law)

- 근대적 자유도시의 출현 및 증가, 농노의 도시로 도피 인정(난민법/망명법)

- 도시민들의 자치적 정부 구성

- 영주 및 친족 집단으로부터의 자유 - 근대적 자유권의 단초, 자유시민들의 사회계약적 정부

- 도시법의 발전 - 모도시의 도시법체계가 자도시/손자도시의 도시법으로 확산/계수

- 도시 평의회 - 행정제도, 도시법원, 상업길드의 내부적 자치

(5) 왕법(Royal Law)

- 교회국가와 분리된 세속국가의 주권국가 방향으로의 발전

- 왕권의 세 원천: 교황의 축성/상속 /선거(독일)

- 왕실 법원, 왕의 직할법원, 왕이 파견한 판사, 집행관 등이 왕권강화의 수단으로

- 법을 이용한 통치를 법의 통치 보다 선호

- 왕립법전의 편찬: 보통법(common law) 개념의 시초(1권 427, 445면)

11. 법과 종교혁명(2)
– 16세기 독일혁명/루터 종교개혁과 법적 배경/영향

가. 독일혁명-루터 종교개혁의 양면성: '국가의 개혁'과 '교회의 개혁'

　(1) 정치적 개혁: 독일 군주들의 교황과 황제 권력에 대한 성공적 혁명(2권 31면)

　　- 해당 공국 내의 가톨릭교회 권력 추방

　　- 해당 공국 내의 방대한 교회재산(1/3~1/4) 몰수

　　- 해당 공국 내의 귀족/신민과 사제까지도 새 유형의 왕권에 복종하게 함

　(2) 종교적 개혁: 루터의 기독교 신앙 개혁과 교회 개혁

　　- 독일의 정치적 개혁과 종교적 개혁은 서로 긴밀히(또는 혼란스럽게) 연결되어 전개됨

나. 독일혁명/루터 종교개혁의 국제적 파급(2권 32면)

　(1) 독일 군주들과 신민들의 입장에서는 교황이나 황제(신성로마제국)이나 모두 외국의 권력

　(2) 독일혁명/루터 종교개혁은 최초로 독일의 민족국가(nation-state)를 출현시킴

　(3) 독일혁명/종교개혁은 유럽 전체의 각국에 신교/구교 분열과 함께 민

족국가 형성을 촉진시키고, 30년 전쟁 이후 새로운 질서를 형성하게
함(1648년 베스트팔렌조약)

다. 독일혁명의 전조(2권 37면~)

(1) 영적 칼(교황국가)와 세속적 칼(황제권) 모두의 실패(적용: 교황혁명
의 인간/세상에 대한 낙관적 전망의 실패?, 권력을 가진 영적 칼도 인
간의 죄성으로 필연 타락? 기독교왕국 비전의 한계?)

(2) 독일 대공국들의 왕정체제 강화, 독일 자유도시들의 발전

(3) 스페인 왕조 출신의 신성로마제국 황제의 통치력 와해(통치의 의무는
수행할 능력이 없고 통치자의 권리만 주장)

(4) 독일 내 세속군주(대공)들과 교회영주(대주교)들 간의 대립 + 공국 영
지 내 1/3~1/4에 이르는 교회재산의 면세로 인한 경제적/재정적 갈
등

(5) 로마교회의 현금 면죄부 강매 - 폭력이 아닌 영적 권한에 의한 영적 세
금 수탈

(6) 두 개의 칼 모두 실패, 세속적 칼(state)과 영적 칼(church) 모두가 개
혁될 필요

(7) 롤란드파(Rollands, 영국 위클리프파), 후스파(보헤미아)의 반교황 개
혁운동 ⇒ 인문주의자들의 교황/황제 비판운동 ⇒ 독일 군주들의 정
치적/종교적 개혁운동 참여

(7) 교황혁명의 종말론적 비전 실패에 대한 반응

라. 루터와 교황의 대립-「교회의 개혁(*Reformation of the Church*)」(2권 39
면~)

(1) 루터주의

- 사제계급의 타락과 면죄부 판매는 루터 개혁의 표층일 뿐

- 위클리프, 후스: 두개의 칼 중 영적 칼(=교황권력)의 내부로부터의 윤
  리적 회복을 촉구

- 루터: 교회국가의 제한을 넘어 교황국가 자체의 폐지를 촉구

(2) 루터의 비현세적 교회관

- 하나님과 사람 중간에서 죄의 용서를 관장할 사제계급이 필요 없기
  때문에 교회의 지상관할권/교회의 입법/사법행정권 모두 필요 없다

- 진정한 교회는 이 세상에서 법을 만들고 집행하는 기관이 아니다

- 진정한 교회는 모든 신자들의 보이지 않는 공동체/모든 신자가 각각
  제사장으로 서로를 섬기는 공동체/각 신자는 사적 개인으로서 하나
  님과 관계를 맺으며/ 각 사람은 하나님의 말씀인 성경에 직접 반응한
  다.

- 루터: 두 왕국 이론을 채택하여 두개의 칼 이론을 대체하는 혁명적 변
  화(2권 40면)

☞ 교회는 하늘의 영적인 왕국으로 복음에 의해 다스려지며,

☞ 이생의 지상 왕국은 죄와 죽음의 나라로서 법에 의해 다스려진다.

☞ 교회는 더 이상 칼을 가진 주체로서 유형(有形)의/단체의/위계적/정
  치적/법적 공동체로 존재할 이유가 없고

☞ 교회는 순수하게 영적인 공동체인 하늘 왕국의 한 부분이 되어야 한

다.

(3) 루터의 절망적 인간관(2권 41면)

- 루터(비관적/절망적 인간관): 인간은 전적으로 타락한 존재이므로 세
상에서 사람의 선행으로 의로워지지 않으며, 오직 하나님의 칭의로만
구원을 받을 수 있다.(16세기 기독교왕국/교회의 타락/억압/추락상
반영)

- 카톨릭(비교적 낙관적): 사람은 믿음과 선행과 성례전으로 구원을 받
을 수 있다. - 원죄는 세례로 용서받고 그 이후의 죄는 사제를 통해서
집전되는 보속(補贖, penance-마태복음 15:19 지상에서 풀면 하늘에
서도 풀린다)을 통해서 용서받을 수 있다.

마. 루터의 현세관 - 절망적 인간관과 그리스도인의 책임론

(1) 루터의 내세적/영적 구원론

- 표면상으로 지상왕국에 대해서 전적으로 부정적인 관점을 나타내고
있음

- 지상 왕국은 죄와 죽음의 나라/ 인간의 의지나 이성의 행사를 통한 탈
출구는 없다 /

- 정치와 법은 은혜와 믿음으로 가는 통로가 아니다.

(2) 루터의 현세관 - 갈등/분열과 타협/절충(2권 42) [Berman의 질문과
토론]

☞ 질문: "그러나 은혜와 믿음은 올바른 정치와 올바른 법을 향한 통로
가 아닌가?

☞ 갈등: 여기에서 루터는 그의 두 가지 신조 사이에 끼어 갈등한다

○ 인간의 본질적인 악함

○ 인간의 악함 자체에도 불구하고, 악한 지상 왕국도 하나님이 정하시고 만든 것이라는 점

○ 루터의 창조교리의 핵심: "죄된 본성의 인간도 하나님의 창조물이고, 하나님은 비록 숨어있지만 지상의 영역에 현존하신다."

☞ 루터 개혁파의 절충 - 그리스도인의 책임론(Christian Responsibility)

- 그리스도인은 "세상에서 하나님의 일을 해야 하고" 아무리 하자가 있더라도, 그들의 의지와 이성을 최대한의 선을 행하고 가능한 이해력을 얻기 위해서 노력해야 한다.

○ 하나님의 숨은 현존 교리(The doctrine of the presence of the hidden God even in the sinfulness of humanity) + ○ 루티사상의 윤리적 비관주의(Moral pessimism of Lutheran thought) = ○ 그리스도인의 책임론: "하나님이 정하시어 이 임시적인 지상의 영역과 구분을 만드셨으므로 우리가 이 지상에 살아있는 동안에는 그 속에 남아서 일을 해야 한다(God himself ordained and established this temporal realm and its distinctions, and we must remain and work in them so long as we are on earth.)"

(3) 루터의 소명론과 군주론

○ 루터의 두 왕국 이론(Two kingdom theory)

　+ 만인제사장주의 + 소명이론

　- 두 왕국 이론　☞ 사제계급의 영적 관할권 폐지

- 만인제사장주의 ☞ 상층 사제와 하층 평신도의 구별 폐지
- 루터 개혁자들 ☞ 목회(기도/교훈/봉사)의 책임을 각각의 신자 개개인들에게로 이전
- 가톨릭교회는 하나님의 소명을 영적으로 완전한 수도사나 사제에게 두었던 것을
- 루터 개혁파는 목수나 군주, 주부나 법관 등 모든 신자들이 하나님으로부터 받은 직업 소명을 모두 그리스도인의 책임으로 받아들이고 그들의 일을 의식적으로, 다른 사람들에 대한 봉사로서 수행해야 한다고 설명

○ "공적 소명론" - 루터의 군주론과 연결
  - "특히" 공직자들은 공동체를 섬기는 특별한 소명을 받은 사람들로서, 이 특별소명은 그들로 하여금 기독교인의 사회적(공적) 윤리를 지킬 것을 요구하는데, 이 윤리는 기독교인의 개인적 윤리와 다르다.

○ "일반적 소명론"과 "공적 소명론"의 차이(중요)
  〈하나님과의 직접적 관계 속에서 기독교인의 윤리〉
  ⇒ 사적 인간(사인)으로서 사람은 개인적으로 그의 원수를 사랑하고 불의나 학대에 저항하거나 복수하지 않고 이를 감수해야 한다.
  ⇒ 공적 인간(공인)으로서 군대 사법기관 법률 종사자 등인 그리스도인은 불의한 이웃에 저항하고 폭력이나 유혈적 방법에 이른다 하더라도 불의에 대해서 복수(징벌)을 해야 한다.
  - 이 독트린이 독일의 군주들에 대한 루터의 소명이론의 내용이 된다. - 군주들은 기독교인의 책임감으로 지상 왕국을 다스려야 하는데 불의

에 대해서는 불관용하고 처벌을 해야 한다. - 나중에 독일 농민전쟁에 대한 군주들의 처벌/탄압을 옹호하는 루터의 논리로 사용됨

○ 긍정적인 측면으로는

  - 동시대의 마키아벨리가 군주의 정치를 권력 유지를 목적으로 하고 종교는 권력 유지의 수단으로 보았던 것이나, 프랑스의 Bo-din(1530-1597)이 절대군주의 제한 없는 군주권을 강조한 것에 비해서, 루터는 군주의 정치를 기독교인으로서의 책임감과 하나님으로부터 받은 소명의 실천으로 본 점에서 제한적이고 권력통제가 가능하다는 설명(2권 43면)

○ 그러나 비판적인 측면으로는

  - 루터가 군주의 기독교적 특별소명을 강조하고 폭력적인 질서 유지를 공적 소명으로 인정한 깃, 평민의 개인적/사적 소명은 순종과 인내라고 한 것(산상수훈 해석), 시민의 군주에 대한 복종을 십계명 중 제4계명 "부모(권위)에 순종하라'는 것을 확대해석해서 뒷받침한 것은(군주는 부모/신민은 자녀), 냉정하게 얘기해서 군주권력과 연합/보호받는 루터의 세상 "옆"에서 보는 기독교적 사회정치관이라는 한계를 가지고 있는 것으로 평가될 수 있다.

(5) 루터주의의 사회정치적 함의

  - 루터의 칭의(개인)구원론 ☞ 두 왕국 이론 ☞ 교회는 영적 왕국의 일부 ☞ 로마교회의 현세적 교황국가 체제/관할권 폐지 ☞ 지상의 삶에 대해서는 소명론으로 보충

  - 루터의 신앙적 개혁이 직접 의도하지는 않았으나,(2권 44면) 교황국

가의 폐지로 인하여 대주교(선거후)들의 공국은 어디에 귀속될 것인가? 각 공국 토지의 1/3~1/4에 이르는 교회 재산은 누가 가질 것인가? 교회의 운영, 목회자 서임, 성례는 어떻게 수행할 것인가? 교육/빈민 구제에 관한 교회의 관할권은 누가 수행할 것인가? 등의 문제가 교회 개혁과 정치개혁, 루터와 군주들 사이의 상호관계 속에서 전개된다.

바. 루터와 군주(Princes) - 「국가의 개혁(the Reformation of the State)」(2권 49면~)

(1) 적의 적은 동지:

　① 루터와 교황의 대립 + 독일 군주들의 교황/황제와의 대립 - 정치적 이해관계의 일치

　② 독일농민전쟁(1524-1525년)에 대한 루터의 반대 - 루터와 독일 군주들의 정치적 연합

(2) 독일의 내전 - 신교 공국 vs. 교황/황제/구교 공국 간의 전쟁

　- 1529년 스페이엘 제국의회(Speyer Diet) - "루터주의 지역/ 도시들의 도전(Protestation by Lutheran territories and cities), 프로테스탄트 명칭의 유래

(3) 아우구스부르크 평화협정(the Peace of Augusburg)(1555년)

　- 신교 공국과 구교 공국의 공존 - 종교적 관용(tolerance)

　- 각 지역의 현상 유지(신교 공국의 교회재산 몰취 현실 인정)

　- 신교 공국에서 루터교회의 국가교회화

　- 신교 공국들은 교황권/황제권에서 독립하고, 세속권력과 교회권력이

모두 집중된 지상왕국의 유일한 권력으로 등장 - 근대적 세속 민족국
가의 출현

(4) 신교 국가와 구교 국가의 전쟁은 전 유럽 차원으로 확장(30년 전쟁)

- 베스트팔렌조약(1648)으로 신,구교 국가 상호인정/공존

- 종교적 관용 - '종교적 억압(?)'으로부터 근대 이성주의의 발전 내지 해
방

- 전유럽에서 근대적 민족국가 형성⇒ 절대주의 왕정⇒ 입헌민주주의
혁명으로 이어짐

사. 독일 농민전쟁 - 세상 "아래" 쪽의 기독교- "평민 혁명(The Revolution
of the Common Man)"(2권 55면~)

(1) 1524 독일 남부 농민/수공업자/광산노동자/선교자,영적 지도자들의
종교적/정치적 반란

- 1526 독일 군주들의 슈바벤 동맹(Swabian League)들에 의해 진압됨

(2) 영적이고 현세적인 권력들에 의한 억압에 항거하는 평민

(3) 성경적 비전에 기초 - 종교개혁자들(루터/츠빙글리/뮌처)이 선언한
새 가르침을 따라

- 모든 계층의 사회적·경제적·정치적 평등을 주장

- 12개조 선언(1525) - 회중의 목사 선출권(1조), 십일조의 용도-목사부
조/빈민구제(2조) 영주의 재산철폐(3조)

(4) 천년왕국주의적 혁명의 비전 - 토마스 뮌처(Anabaptist)

-기독교적 형제애에 기반한 사회적 평등의 새로운 혁명적 비전

- 기독교연맹 ☞ 지역 공동체들의 연합
- 영적이고 정치경제적인 공동체 - 기독교적 형제애의 평등주의 비전
- 300년 후 칼 맑스를 예고(1848) - 세속적 천년왕국주의 - 기독교 없는 종말론
- 500년 후 해방신학 계열의 진보적 기독교 흐름(해방신학/흑인신학/ 민중신학) - 세상 "아래"의 기독교

(5) 루터와 독일농민전쟁의 대립
- 루터는 이념적으로는 세상 "밖"의 기독교를 추구하면서도, 현실적으로는 세속 군주들과의 연합으로 세상 "옆"의 기독교를 추구
- 루터의 소명론과 4계명 확대해석에 따라 신민(자녀)은 군주(부모)에 복종할 의무
- 루터 정치신학의 현실적 한계 내지 부정적인 측면 - 이후 개신교의 정치권력에 대한 타협적 태도들과 연결됨

아. 독일혁명/루터 종교개혁의 유럽으로의 확산(2권 57면~)
(1) 루터개혁 - 독일에서 중부/북부 유럽 방향으로 확산,
칼빈개혁 - 스위스/프랑스/네델란드/스코틀란드/영국/미국 방향으로 확산
(2) 루터: 종교적 사무(ecclesiastical matter)에 대한 권위를 세속군주에게 부여(군주정)
칼빈: 교회 지배에 대한 권위를 회중들의 장로들에게 부여(귀족정-영국의 의회주의 청교도혁명으로 연결)

(3) 프랑스: 위그노의 난, 낭트칙령(1598) - 신교자유를 인정하는 가톨릭 국가로 유지

(4) 네델란드: 황제로부터 독립 공화국 수립(1581)

　- 칼빈주의가 주도적인 프로테스탄트 기독교

(5) 영국: 가톨릭, 성공회, 장로교 경합

　- 가톨릭 ☞ 교황권력, 성공회 ☞ 왕권, 장로교 ☞ 의회권력

(6) 유럽의 국가적 고백주의(Confessionalization of Europe): 신앙의 정치화(?)

　- 각 민족/지역 공동체가 신앙적 신조를 고백하면서 교황/황제권력과의 적대관계/동맹관계를 통해서 근대적 민족국가의 정체를 형성해 가는 과정

(7) 서유럽은 한 교회국가 안에 다양한 세속정체가 존재하던 기독교왕국(Christendom)에서 다양한 기독교신조를 고백하면서 내적으로는 외견상 정교일치를 주장하는 여러 국가로 분리되었다.(2권 61면)

(8) 30년 종교전쟁: 독일 인구가 1,200만에서 800만명으로 감소(1618-1648)

(9) 베스트팔렌조약(1648) - 독일혁명/루터 종교개혁의 전유럽적 완결

　☞ 주권의 원칙(Principal of Soverignty) - 근대국가의 권력이 군주/관료에게 귀속됨

　☞ 근대 주권국가 체제의 형성

　☞ 군주(king/prince)가 왕국 내에서 세속적이고 교회적인 모든 권력과 법의 주체가 됨

자. 종교개혁과 법의 개혁 「법의 개혁 *The Reformation of Law*」(2권 62면~)

(1) 루터의 법에 대한 태도(초기) - 과격(radical) / 법에 대해 부정설

　- 교회법도 배척하고(로마교회 폐지 주장) + 모든 법을 배척

　- "진리와 법은 항상 적이다(Truth and are enemies)" - "오직 은혜만으
　　로 구원"

　- 신자들은 천상의 왕국에 산다. 그곳에서 법은 은혜로 대체된다.

(2) 아나뱁티스트(Anabaptist, 종교개혁의 좌익) - 법률폐기주의적 태도

　- 복음의 가르침에 의해서 다스려지는 공동체의 창설을 주장

　- 토머스 뮌처의 독일농민전쟁 - 무정부주의(anarchism)를 경계하게 됨

(3) 루터의 법에 대한 태도(후기) - 타협(compromise) - 법에 대한 제한적
　　긍정설

　- 지상의 왕국은(the earthly kingdom)

　- 법에 의해 다스려지며(governed by law)

　- 하나님이 인정하신 세상이다(is ordained by God)

　- 비록 그곳이 죄의 왕국이며 하나님은 세상 속에 숨겨져 계신 분이라고
　　할지라도!

　☞ 법률제도와 법적 원리에 대해 다소 긍정적 가치를 부여하게 됨

(4) 이후 루터신학의 세속 권력(군주/도시)과의 연합/협력

　☞ 새로운 법철학 / 법적 방법론 / 법적 과학 요청

　☞ 새로운 유형의 법적 체계화

　☞ 다양한 법률 분야의 실정법에 중대한 변화를 가져옴

　(적용: 루터는 본질적으로 법을 배격했고 / 부차적으로 지상왕국에서

법의 제한적 의미를 인정했지만 / 현실적으로 루터와 동료 종교개혁자들은 독일 군주들의 실정법 제정/발전에 기여했다. - 역사가 근본원리, 거대명제에 따라서만 전개되지 않고, 현실적이고 실용적인 필요들에 따라 보충되고 규정된다는 점을 보여줌)

차. 독일혁명/종교개혁과 세속법의 변화/발전

  (1) 루터신학의 군주 주권(princely authority) - 각 공국/도시의 헌법적 발전

    - 공국/도시의 법령 (ordinance)조례 제정

    - 군주의 기독교적 책임 규정

    ○ 교회법의 물적 관할에서 세속법의 물적 관할로 이전 - 혼인법, 가족법, 빈민구제법, 교육법

      - 영적 법의 세속화

      - 세속 법의 영화(靈化)

    ○ 시민의 복종의무 - 군주는 국가의 아버지므로

      - 군주 - 그리스도인의 책임

      - 관리 - 일반 시민보다 상대적으로 높은 독립성(칼빈-기독교강요(4권 20장 국가 통치) - 관리들의 제한적 저항권 인정

    ○ 독일 세속군주의 정치적 우월권의 제한/한계

      - 독일 지역 내 다수의 주권적 공국들 병존/ 고위 관리들의 자유로운 공국 사이 이동

      - 군주의 법은 궁극적으로 십계명의 기독교적 법에 기반해야 한다.

- 독일의 세속군주정을 절대왕정보다는 입헌군주정에 가깝게 운용하
게 함

(2) 교회법의 폐지 - 형법/민법의 세속화/체계화

- 형법 및 형사절차 - 각 공국에서 체계적이고 완결적인 지역적 형법 법
령(code) 제정

- 민법 - 체계적인 민법 학술문헌이 나와서 권위적인 법원(法源)이 됨

- 루터의 인간에 대한 불신 - 임의적 자연법보다 명시적인 성문법의 필
요성 강조 - 죄형법정주의/법치주의의 방향으로 연결됨

12. 법과 종교혁명(3)
– 17세기 영국혁명/청교도혁명과 법적 배경/영향변화

가. 영국혁명의 배경 - 독일혁명(16C) 이후의 신앙적/정치적/사회경제적 위기(2권 201면~)

(1) 종교적 위기

- 아우크스부르크 평화협정(1555) - 가톨릭과 루터교 사이의 선택만 보장 - 칼빈주의는 배제

- 신교국가에서 가톨릭군주/구교국가에서 신교군주 등장 시 - 격렬한 종교적 갈등/폭력 발생

- 군주의 종교가 국가의 종교 - 해당 지역 내의 종교적 소수파의 신앙적 자유 억압/반발

☞ 칼빈주의의 확산 + 신앙의 자유 이슈가 대두

(2) 정치적 위기

- 절대군주제 vs. 입헌군주제

- 국제 칼빈주의의 귀족정 경향 vs. 각국의 군주제

- 신흥 유산계급과 왕정/관료제도와의 긴장

(3) 사회경제적 위기

- 봉건적 세수 감소, 신흥 토지소유자/상인계급으로부터 세금을 징수할 필요성

- 세금징수와 관련된 왕정(court)과 의회(country)의 갈등 ☞ 영국 의회
혁명으로 폭발

나. 영국혁명과 종교적/정치적 개혁

(1) 종교적 개혁: 신앙의 자유 인정

   - 가톨릭/성공회/장로교/회중교회 - 관용(Toleration)법(1689, 관용령)

(2) 정치적 개혁

   - 최초의 시민혁명, 왕정폐지, 공화국 수립 - 청교도혁명(1640-1660)

   - 타협적 혁명 - 왕권 유지, 의회 우위의 입헌군주제(1689, 명예혁명)

다. 영국혁명과 법의 개혁

(1) 입헌 민주제 - 왕은 군림하지만 통치하지 않는다

   - 의회 우위, 입법기구 우위, 대의제(귀족정 성격)

(2) 법의 지배

(3) 사법제도의 발전 - 보통법 법원(common law court)의 우위성/ 판례
법 주의/ 배심재판

(4) 청교도혁명 - 교회를 개혁하고 세상을 개혁한다 - 기독교적 선민의식

   - 루터의 절망적 현세관에 비해 상당히 긍정적인 현세관

   - 17세기 신앙적 자유/정치적 자유 운동의 배경 및 결과

13. 정리와 과제 - 기독교적 사회관/법률관의 재정립 필요

가. 법과 혁명의 관계 - 질서와 정의 / 안정과 변화 / 이상과 현실

○ 혁명은 법체계를 파괴하고 새 법체계를 만들면서, 법전통을 유지하고 발전시킨다.

○ 혁명은 법을 발전시키고 / 법은 혁명을 정착시킨다.

나. 종교와 혁명의 관계 - 세상을 변화시키는 기독교?

○ 세상 밖의 기독교 - 어거스틴의 두 왕국 이론 - 영적 왕국의 내세성 (비관+염세)

○ 세상 위의 기독교 - 교황혁명의 두 칼 이론 - 기독교왕국의 현세적 통치 (낙관+통치)

○ 세상 옆의 기독교 - 루터의 두 왕국 이론 + 소명론 (비관+타협)

  - 세상에는 구원이 없으나 (교회≠세상의 것)

  - 세상에서 기독교인들은 (한계 속에서) 그리스도인의 책임을 수행해야 한다

○ 세상 아래의 기독교 - 천년왕국주의, 맑시즘(세속적 종말론), 해방신학 (비관+혁명)

다. 종교개혁과 법의 관계 - 법적 배경 및 법적 함의

○ 교황혁명(12세기)

　　- 서양법전통의 기초 형성, 교회국가 - 최초의 근대국가 및 법체계 형성

　　，- 교회권력과 세속권력/ 세속권력 간의 재판권 분화 - 법의 발전과 법

　　의 우위성 확보

○ 독일혁명-루터 종교개혁(16세기)

　　- 교회국가의 폐지 - 지상의 권력으로 인한 교회와 신앙의 범죄/타락에

　　반발/예방

　　- 세속국가에 권력 집중 - 지상권력의 이익, 근대적 세속국가/세속법체

　　계 발전

○ 영국혁명-칼빈 종교개혁(17세기)

　　- 신앙의 자유/양심의 자유 - 근대 민주주의의 발전(칼빈주의-귀족정적

　　장로민주주의)

　　- 신흥유산계급과 왕권/귀족과의 대립 - 절대군주정에서 입헌군주정/

　　입헌민주주의로 발전

라. 문제와 과제

○ 문제: 루터/칼빈 종교개혁과 법과의 근본적 갈등/대립

　　- 루터 신학은 근본적으로 세상과 인간을 비관하고/ 하늘 왕국에서 받

　　는 은혜에 대한 구원을 강조하고/ 땅의 왕국에서 전개되는 법과 행위

　　의 의미를 부정

　　- 루터 신학이 세상에서 법의 의미를 찾는 것은, 제한된 창조 교리에 기

　　한 기독교인의 세상에 대한 제한적 책임론 - 소명론

○ 문제: 루터의 구원론과 루터의 소명론 간의 절충적 부정합

  - 루터의 구원론에 들어있는 인간 비관이 루터의 소명론에는 잘 반영되어 있지 않다.

  - 군주권력에 대한 타협적/영합적 성격 - 군주(부모)와 신민(자녀) 간의 차별적 소명론

  - 칼빈주의의 청지기 이론은 루터의 소명론과 유사. 청교도주의는 기독교왕국적 경향을 역사적 경험 속에서 보여주고 있으나, 칼빈의 개인적 구원론은 루터의 구원론과 유사.

○ 과제: 교회와 사회/ 신앙과 법의 관계에 대한 종합적인 재정립이 필요하다

  - 루터/칼빈 사회신학의 역사적/정치적 제한성을 인정할 필요 - 절대화/신성화 경계

  - 다양한 역사적 관점(①세상 밖의 기독교 ②세상 위의 기독교 ③세상 옆의 기독교 ④세상 아래의 기독교)의 장점과 단점을 객관적으로 이해하고 종합할 필요

  - 영적 구원론의 핵심인 인간의 죄성에 대한 인식이 사회적 소명론에서는 사라지는 비약/단절의 문제를 극복하기 위해서 - 개신교의 사회적/법적 이해와 실천을 인간의 죄성/악에 대한 구원론과의 관계를 유지하면서 재구성/정립할 필요.

미주

1 서론의 글은 필자가 2014. 2. 18. 인문학 서평사이트 아포리아 [이병주 칼럼]에 게재한 '뒤집어서 읽는 십계명'의 내용을 이 책의 취지에 맞게 수정, 보완한 것입니다.

2 마가복음 16:15 "너희는 온 천하에 다니며 만민에게 복음을 전파하라(이하 한글 성경 인용은 별도의 표시가 없으면 개역개정판) Go into all the world and preach the good news to all creation(이하 영문 성경 인용은 NIV 버전)"

3 마태복음 10:16 "보라 내가 너희를 보냄이 양을 이리 가운데 보냄과 같도다 그러므로 너희는 뱀 같이 지혜롭고 비둘기 같이 순결하라"

4 히브리서 4:12 "하나님의 말씀은 살았고 운동력이 있어 좌우에 날선 어떤 검보다도 예리하여 혼과 영과 및 관절과 골수를 찔러 쪼개기까지 하며 또 마음의 생각과 뜻을 감찰하나니(개역한글판)"

5 마태 6:11 "오늘 우리에게 일용할 양식을 주시옵고"

6 마태 6:12 "우리가 우리에게 죄 지은 자를 사하여 준 것 같이 우리 죄를 사하여 주시옵고"

7 마태 6:13 "우리를 시험에 들게 하지 마시옵고 다만 악에서 구하시옵소서"

8 Harold J. Berman, Law and Revolution, I: The Formation of the Western Legal Tradition (Cambridge: Harvard University Press, 1983). Law and Revolution, II: The Impact of the Protestant Reformations on the Western Legal Tradition Belknap Press, 2006).

9 이 글은 2021년 제헌절을 맞아서 기독교윤리실천운동 웹진 [좋은나무]에 게재한 칼럼입니다.

10 다니엘 5:25-26 "25 기록된 글자는 이것이니 곧 메네 메네 데겔 우바르신이라 This is the inscription that was written: Mene, Mene, Tekel, Parsin. 26 그 글을 해석하건대 메네는 하나님이 이미 왕의 나라의 시대를 세어서 그것을 끝나게 하셨다 함이요 This is what these words mean: God has numbered the days of your reign and brought it to an end."

11 마태 6:10b "뜻이 하늘에서 이루어진 것 같이 땅에서도 이루어지이다"

12 창 1:27 "하나님이 자기 형상 곧 하나님의 형상대로 사람을 창조하시되 남자와 여자를 창조하시고"

13 창 1:28 "하나님이 그들에게 복을 주시며 하나님이 그들에게 이르시되 생육하고 번성하여 땅에 충만하라, 땅을 정복하라, 바다의 물고기와 하늘의 새와 땅에 움직이는

모든 생물을 다스리라 하시니라"

14 사무엘상 2:8 "가난한 자를 진토에서 일으키시며 빈궁한 자를 거름더미에서 올리사 귀족들과 함께 앉게 하시며 영광의 자리를 차지하게 하시는도다"

15 누가 1:51-52 "51 그의 팔로 힘을 보이사 마음의 생각이 교만한 자들을 흩으셨고 52 권세 있는 자를 그 위에서 내리치셨으며 비천한 자를 높이셨고"

16 마태 22:37-40 "37 예수께서 이르시되 네 마음을 다하고 목숨을 다하고 뜻을 다하여 주너의 하나님을 사랑하라 하셨으니 38 이것이 크고 첫째 되는 계명이요 39 둘째도 그와 같으니 네 이웃을 네 자신 같이 사랑하라 하셨으니 40 이 두 계명이 온 율법과 선지자의 강령이니라"

17 마태 16:24 "누구든지 나를 따라오려거든 자기를 부인하고 자기 십자가를 지고 나를 따를 것이니라"

18 창 2:9, 16-17 "9 여호와 하나님이 그 땅에서 보기에 아름답고 먹기에 좋은 나무가 나게 하시니 동산 가운데에는 생명 나무와 선악을 알게 하는 나무도 있더라 ... 16 여호와 하나님이 그 사람에게 명하여 이르시되 동산 각종 나무의 열매는 네가 임의로 먹되 17 선악을 알게 하는 나무의 열매는 먹지 말라 네가 먹는 날에는 반드시 죽으리라 하시니라"

19 이 글은 2013년 하반기 기독법률가회 제1기 CLF학교 '기독교 신앙과 민사재판' 세미나에서의 발표문으로, 필자의 저서 『호모욕쿠스』(2014. 아포리아)에 그 일부 내용이 들어있습니다.

20 창세기 4:8 "가인이 그의 아우 아벨에게 말하고 그들이 들에 있을 때에 가인이 그의 아우 아벨을 쳐죽이니라"

21 2010년 경까지는 대법원 상고심의 판결을 받기까지의 시간적 지체가 보통 2년 이상 되었다. 그러나, 2010년대 이후 시행이 확대된 상고심의 '심리불속행 제도'로 인하여 2020년 현재는 민사재판의 4분의 3 정도가 대법원의 상고기록 접수 후 4달 이내에 '심리불속행 기각 결정'의 대상이 되고 있어서, 법원의 입장에서는 상고심의 심리 지체 현상이 없어진 셈이지만, 국민의 입장에서는 상고심의 판단을 받아볼 기회 자체가 거의 없어진 셈이라는 비판 의견이 있다.

22 신명기 19:15 "사람의 모든 악에 관하여 또한 모든 죄에 관하여는 한 증인으로만 정할 것이 아니요 두 증인의 입으로나 또는 세 증인의 입으로 그 사건을 확정할 것이며"

23 시편 1:1 "복 있는 사람은 악인들의 꾀를 따르지 아니하며 죄인들의 길에 서지 아니하며 오만한 자들의 자리에 앉지 아니하고"

24 이 글은 2021. 7. 20. 기독법률가회 복간회지 『기독법률가』(2021. 4호)에 게재한

글입니다.

25 본 항의 내용은 필자의 책 『직장에서 믿음으로 사십니까』(아바서원) 제2장 36~43면을
    이 책의 취지에 맞게 일부 수정, 보완한 것입니다.

26 이 글은 2013년 기독법률가회 제1기 CLF학교 '기독교 신앙과 형사 재판' 세미나에서
    발표한 토론문입니다.

27   요한1서 2:15-16: "15 이 세상이나 세상에 있는 것들을 사랑하지 말라 누구든지
    세상을 사랑하면 아버지의 사랑이 그 안에 있지 아니하니 16 이는 세상에 있는 모든
    것이 육신의 정욕과 안목의 정욕과 이생의 자랑이니 다 아버지께로부터 온 것이 아니요
    세상으로부터 온 것이라"

28 시편 18:5 "스올의 줄이 나를 두르고 사망의 올무가 내게 이르렀도다"

29 시편 119:75 "여호와여 내가 알거니와 주의 심판은 의로우시고"

30 로마서 5:20 "율법이 들어온 것은 범죄를 더하게 하려 함이라."
    로마서 7:11 "죄가 기회를 타서 계명으로 말미암아 나를 속이고 그것으로 나를
    죽였는지라"

31 잠언 9:10 "여호와를 경외하는 것이 지혜의 근본이요 거룩하신 자를 아는 것이
    명철이니라"
    잠언 28:14 "항상 경외하는 자는 복되거니와 마음을 완악하게 하는 자는 재앙에
    빠지리라"

32 마태 22:39-40 "39 둘째도 그와 같으니 네 이웃을 네 자신 같이 사랑하라 하셨으니 40
    이 두 계명이 온 율법과 선지자의 강령이니라"

33 마태 16:24 "누구든지 나를 따라오려거든 자기를 부인하고 자기 십자가를 지고 나를
    따를 것이니라"

34 이 글은 2013년 기독법률가회 제1기 CLF학교 '믿음과 법률 세미나'에서 발표한
    토론문입니다.

35 로마서 7:12 "이로 보건대 율법은 거룩하고 계명도 거룩하고 의로우며 선하도다"

36 마태 11:28 "수고하고 무거운 짐 진 자들아 다 내게로 오라 내가 너희를 쉬게 하리라"
    참조

37 이 글은 필자가 월간지 '빛과 소금(두란노)' 2020년 11월호에 게재한 법과 정의에 관한
    기고문을 수정, 보완한 것입니다.

38 전도서 12:1 "너는 청년의 때에 너의 창조주를 기억하라 곧 곤고한 날이 이르기 전에,
    나는 아무 낙이 없다고 할 해들이 가깝기 전에"

39 로마서 3:10 "기록된 바 의인은 없나니 하나도 없으며"

40 제10계명의 현실적, 법적 해석에 대해서는 필자의 책 '욕하는 기독교, 욕먹는 기독교(평신도의 발견 개정증보판)'(2020 대장간) 10장 '신앙과 일상의 씨름'에서 상세하게 논의한 바 있습니다.

41 창세기 3:6 "그 나무를 본즉 먹음직도 하고 보암직도 하고 지혜롭게 할 만큼 탐스럽기도 한 나무인지라 여자가 그 열매를 따먹고 자기와 함께 있는 남편에게도 주매 그도 먹은지라"

42 신명기 9:11 "사십 주 사십 야를 지난 후에 여호와께서 내게 돌판 곧 언약의 두 돌판을 주시고"

43 이 글은 필자가 Harvard Law School의 법사학 교수였던 Harold J. Berman(1918-2007)의 저서 Law and Revolution, 1권 및 2권을 읽고 2017. 11. 2. 기독법률가회 목요모임에서 발표, 토론한 발제문을 수정, 보충한 것입니다.

44 국내 번역서로는 '법과 혁명 I, II'(한국학술정보, 김철 역)